Johann Reuchlin

Reuchlins Verdeutschung der ersten olynthischen Rede des Demosthenes, 1495

Johann Reuchlin

Reuchlins Verdeutschung der ersten olynthischen Rede des Demosthenes, 1495

ISBN/EAN: 9783744633413

Hergestellt in Europa, USA, Kanada, Australien, Japan

Cover: Foto ©ninafisch / pixelio.de

Weitere Bücher finden Sie auf **www.hansebooks.com**

Vorwort.

Im Königlich Sächsischen Hauptstaatsarchive hat Herr Archivrat Dr. Theodor Distel vor mehreren Jahren zwei reuchlinische Verdeutschungen griechischer Texte wiederaufgefunden. Beide Stücke sind nur Abschriften, die, wie Distel wahrscheinlich macht, im Auftrage des Herzogs Albrecht von Sachsen für seinen gelehrten Sohn Georg in seiner Reisekanzlei auf dem berühmten Reichstage zu Worms im Jahre 1495 angefertigt wurden. Die Originale waren, wie die ebenfalls in Abschriften erhaltenen Überreichungsschreiben lehren, für Eberhard im Barte bestimmt. Die jüngere der beiden Schriften, die bereits dem „Herzoge" Eberhard gewidmete Übersetzung des 12. lukianischen Totengespräches hat Distel in der Zeitschrift für vergleichende Litteraturgeschichte, Neue Folge VIII (1895), S. 408 ff. veröffentlicht.[1]) Die Herausgabe des älteren und interessanteren Stückes, der Verdeutschung von Demosthenes' erster olynthischer Rede, hat der glückliche Finder mir übertragen, außerdem von ihm angefertigte Photographieen des sehr schwer zu ent-

---

[1]) Es ist zu bedauern, wenn auch durchaus begreiflich, daſs Distel als Nichtphilologe auf eine bis auf die Orthographie sich erstreckende Genauigkeit in der Textwiedergabe verzichtete. Mir erschien sie unerläſslich, und so habe ich auch bei den Anführungen aus dem Totengespräche nur die im Originale gewählte Schreibung der Formen, wie ich sie selbst noch einmal festgestellt habe, zu Grunde gelegt.

zifferuden Textes mir überlassen, sowie meine Feststellung des Wortlautes einer nicht erfolglosen Nachprüfung unterzogen. Ihm sei deshalb, ebenso wie der liberalen Direktion des Königlich Sächsischen Hauptstaatsarchivs, die mir die Verwertung des interessanten Fundes ermöglichte, auch an dieser Stelle gedankt.

Der Ausgabe des reuchlinischen Textes, dem das griechische Original in seiner mutmafslichen Gestalt zur Seite gestellt ist, waren einige Bemerkungen über die geschichtlichen Verhältnisse zur Zeit seiner Abfassung, die handschriftlichen Vorlagen und das Deutsch Reuchlins vorauszuschicken.

Es darf wohl ausgesprochen werden, dafs die älteste, sicher datierte Verdeutschung aus griechischer Sprache, gewifs die älteste, die überhaupt in die Öffentlichkeit getreten ist, wie man, von allen Wahrscheinlichkeitsgründen abgesehen, schon aus der fast feierlichen Ankündigung des Überreichungsschreibens schliefsen möchte, in weiteren Kreisen der Gebildeten Interesse erwecken wird. Ist es doch gerade in unserer Zeit, wo man sich so vielfach bemüht einen Gegensatz zwischen klassischer und nationaler Bildung zu konstruieren, erquicklich zu sehen, wie ein kerndeutscher Fürst, ohne klassisch „verbildet" zu sein, den Wert antiker Sinnesart für die eigene Zeit zu würdigen versteht und wie einer der ersten und eigentlichsten Begründer klassischer Studien in Deutschland in seiner Weise sich auch um die Ausbildung unserer Schriftsprache müht.

Dresden, am 13. Juli 1898.

Franz Poland.

Einleitung.

I.

Wie schon Distel (S. 408 ff.) angedeutet hat und hier etwas weiter ausgeführt sein möge, stehen die beiden Übersetzungen zum berühmten Reichstage zu Worms (1495) und seinen für Württemberg so bedeutsamen Vorgängen in interessanter Beziehung. Das Verhältnis Reuchlins zum Reichstage ist vielfach erörtert worden.[1] Jetzt ergiebt sich zunächst aus dem hier veröffentlichten Überreichungsschreiben der Demosthenesübersetzung, was schon Geiger vermutet hatte, daſs Reuchlin seinen Herzog zunächst nicht nach Worms begleitete, sondern in Tübingen blieb.[2] In diesem ältesten[3] der von und an Reuchlin während dieser Zeit abgeschickten Schriftstücke spricht er offenbar vom Reichstage nur nach dem Hörensagen. Er bezieht sich auf die ihm aus Worms von seinem Herrn und andern zukommenden Schriften, aus denen er abnimmt, welch reges litterarisches Treiben in Worms herrsche. Namentlich bei den „Botschaften" finden sich Männer,

---

[1] Vgl. Ludwig Geiger. Über Melanthons oratio continens historiam Capnionis, Frankfurt a. M. (Joseph Baer). 1868, S. 44—46.

[2] Geiger S. 44 f. — Stälin (Wirtembergische Geschichte III, S. 640 A. 2) hatte behauptet, R. habe wohl Eberhard nach Worms begleitet, sei aber nicht die ganze Zeit beim Reichstage geblieben.

[3] Es ist datiert vom sanct margrethen tag, d. h. vom 13. Juli.

die deutsch oder lateinisch mancherlei behandeln.
Reuchlin selbst sind manche von diesen Schriften (etlich
dero getichꞇ vnnd geſetzꞇ redenn), von knappem wie
gröſserem Umfange (gemeſſen vnd vngemeſſen, s. Grimm,
Wörterbuch) zugestellt worden. So entschlieſst er sich
denn trotz mancher Bedenken der Bescheidenheit als
ein Mann, der täglich die Gnade des Fürsten in Anspruch nimmt (als einer der ime teglich gnade begerꞇ), um
die Beschäftigung mit den alten Griechen zu fördern
(zu meren der alten kriechen handelung), eine Übersetzung
eines griechischen Stückes ins Deutsche zu bieten, darin
er meint „das Feld zu behalten." Dabei hebt er mit
gutem Grunde hervor, wie alle, die sich bisher im
deutschen Volke (im teutſchen gezung) mit griechischen
Büchern beschäftigt haben, nur in die Reihe der Vorläufer gehören (des vorlaufs zeyl anbehalten). Interessant
ist die Begründung, die er für die Wahl seines Gegenstandes giebt. Wir erkennen auch aus ihr jenen
frischen Zug des Humanismus, der die antike Litteratur
in lebendige Wechselwirkung zur eigenen Zeit setzte.[1])
Reuchlin wählte sich einen Vorgang aus der griechischen
Geschichte, der den Dingen „im Römischen Reiche
dieser Zeit", wie sie damals überall erörtert wurden
(als die gemeyn ſag iſt), einigermaſsen entsprach. Wie
Demosthenes seine Landsleute auf die vom Erbfeinde
drohenden Gefahren hinwies, so beklagte Reuchlin,
wie gar mancher deutsche Patriot,[2]) das germanische

---

[1]) Vgl. H. A. Erhard, Geschichte des Wiederaufblühens
wissenschaftlicher Bildung. 2. Bd., S. 207 f.

[2]) Vgl. beispielsweise die Äuſserungen Wolfs von Hermansgrün in einem an Reuchlin gerichteten Briefe (Geiger
No. LIII = Claror. vir. ep. c 8 ab): Et quidem multo
tempore frustra laboratum est non sine maximo metu ne re
infecta discederemus, quod atrocissimum venenum nostrae
R. P. fuisset. verum divino auxilio et quorundam illustr. . . .
vir. frequentissimo labore cura diligentiaque tandem in viam
reversum est, ut iam summa concordia ordinum, omnes Remp.
salvam et cupiant et velint. Ego semper existimavi imperio
nostro nihil periculosius tristiusque civilibus et intestinis

Erbübel der Zwietracht, die in diesen Zeiten dem französischen Könige erlaubte, des Kaisers Majestät frech zu verhöhnen und die Kaisermacht mehr und mehr zu einem Schatten hinschwinden liefs.¹) Wenn wir nun hören, wie viel gerade Graf Eberhard bei Maximilian galt, wie der Kaiser mit ihm, Albrecht von Sachsen und Friedrich von Brandenburg über diese wichtigen deutschen Fragen Rates pflog,²) so war es auch im politischen Sinne eine patriotische That, wenn Reuchlin dem edlen Schwabenfürsten als erste Übersetzung in deutscher Sprache gerade dies Stück überreichte. Zu dem patriotischen Gesichtspunkte kam der litterarische. Wie Demosthenes „in aller Welt als der köstlichste Mann zu reden und zu raten" galt, so war er auch ihm der „hochwürdigste und übertrefflichste Redner."³) Wenn er freilich zu meinen scheint, die erste olynthische Rede, als die erste der ganzen Sammlung, sei auch die beste, so liefse sich darüber wohl streiten.

---

bellis contingere posse. Incendio vero domestico restincto, ubi recto ordine vivere et consiliis rem agere volumus, nullarum gentium arma nobis metuenda esse. De rege Galliae nulla nobis amplius cura est.

¹) Vgl. die Klagen Reuchlins ein Vierteljahrhundert später, wo die Dinge freilich ganz anders lagen, in einem Briefe vom 3. Jan. 1521 an Friedrich den Weisen (Ulmann, Sickingen S. 407): So bitt ich uwr f. g. wölle daran sin, das dem Römischen kaiser sin gewalt und macht nit geschmelert werd, dan dem Rych ist zuvil gnug bißher entzogen.

²) Vgl. die von Ranke aus dem Berliner Archive geschöpfte, von Stälin (Wirtembergische Geschichte III, S. 639 Anm. 2) wiederholte Notiz: „Der König berief eines Tages die ihm am genauesten befreundeten Fürsten Albrecht von Sachsen, Friedrich von Brandenburg, Eberhard von Wirtemberg, um mit ihnen über die Behauptung seiner höchsten Würde zu Rathe zu geben." Es ist wohl kein blofser Zufall, dafs gerade der hier genannte kaisertreue Herzog Albrecht sich auch für Reuchlins Übersetzung der olynthischen Rede interessierte.

³) So heifst es auch in seinen etwas naiven Anmerkungen zur Tusculanenübersetzung (s. u.) S. 27 Anm. 20: Demosthenes der allerbest redner in griechisch, der ye gewesen ist.

Zwei Tage nach Überreichung der Demosthenesübersetzung, am 15. Juli giebt Reuchlin in einem Schreiben an Johann Wolf von Hermansgrün (Geiger No. XLIX, S. 43) der Freude Ausdruck, dafs dieser Schüler des Pomponius Laetus, wie ihm mitgeteilt worden sei, als Gesandter in Worms weile; auch dieser Brief verrät den patriotischen Sinn des Verfassers, mit dem er die Dinge auf dem Reichstage verfolgt (cum singulari quadam animi voluptate audio tales ad nostram Rempublicam et Germanorum gloriam restaurandam accersiri legatos).

In einem vom 25. Juli datierten, an denselben Wolf gerichteten Briefe (Geiger No. L) bedauert er die grofsen Ereignisse des Tages, den Rückzug des französischen Königs aus Italien und dessen Folgen, nicht aus erster Hand in Worms erfahren zu können und zieht auch hier freilich recht künstlich eine Parallele zwischen diesen Vorgängen und der Diomedeia der Ilias.

Inzwischen war am 21. Juli dem Grafen Eberhard die Herzogswürde verliehen worden. Das gab seinem Geheimen Rate Veranlassung, um nicht „mit leeren Händen" Glück zu wünschen, ihm, da die Kürze der Zeit nicht erlaubte etwas Gröfseres fertigzustellen, das 12. lukianische Totengespräch zu übersetzen[1]) und als Festgabe, vom 1. August datiert, zu überreichen.[2]) Hierbei bezieht er sich ausdrücklich auf die ältere Demosthenesübersetzung mit den Worten (Distel a. a. O. S. 4[411]): in furzvorrucften tagen hat euwer furftlich

---

[1]) Schon Aurispa hat interessanter Weise gerade dies Stück übertragen (G. Voigt, Die Wiederbelebung des class. Altert. II³, S. 178).

[2]) Die Lukianübersetzung ist daher nicht mehr, wie die olynthische Rede, für den Grauen zu Wertemberg vnnd zu Mumpelgarten ꝛc. bestimmt, sondern bereits für den herzogen zu W. vnnd zu Tecke ꝛc. grauen zu Mumpelgartenn. Über die Eberhard unter 5 Fahnen (Wirtemberg, Teck, Mömpelgard, Reichssturmfahne und Blutbannfahne) erteilten Lehen, sowie die ganze Feierlichkeit mit ihrer altertümlichen Pracht vgl. Stälin, Wirt. Gesch. III, S. 639 ff.

gnade durch Demſoſth)enes den hochverrumten redener, von myr auß kriechſchen ſprach inn das ſwebiſchs=teutſchs gebracht, wol mogen verſtenn, wie ſich Philippus des groſſen Alexanders vatter vmbgethan hat, biß er zu hohen ern vnd wirden, auch zu vil landenn vnd leuten kommen iſt. Das 12. Totengespräch hat er also gewählt, weil hier gerade in Kürze die Heldenlaufbahn von Philipps Sohn dargelegt und beurteilt wird.

Offenbar ehe die Widmung der Lukianübersetzung bekannt wurde, hatte Wolf unsern Reuchlin aufgefordert die Erhebung Eberhards zur Herzogswürde durch ein Gedicht zu besingen. Mit gutem Grunde konnte Reuchlin in einer poetischen Epistel aus dem „Monat August" (Geiger LI = Clar. vir. ep. d ^{ab}) ablehnen, da er ja seiner Pflicht in anderer Weise genügt hatte.[1] Auffällig bleibt es dabei freilich, dafs er der Lukianübersetzung keine Erwähnung thut.[2]

Am 12. August (Geiger LII = Clar. vir. ep. d 2^b fg.) dankt Wolf für das frühere Schreiben Reuchlins vom 25. Juli und spricht bewundernd von dem dort gebotenen Vergleich deutscher und homerischer Verhältnisse, der das Entzücken anderer gelehrter Männer, namentlich Dalbergs, erregt habe. Wenn hier Wolf auch auffälliger Weise nichts von der Lukianübersetzung sagt, so lassen doch die Gnadenbeweise des Fürsten für die Familie seines Geheimen Rates wie für ihn selbst, auf die in dem Briefe angespielt wird, sowie der begeisterte Glückwunsch, der ihm deswegen ausgesprochen wird, weil es ihm vergönnt ist

---

[1] Wunderlich mufs der Schlufsvers seines Carmens berühren, der, wenn er allgemein gemeint wäre, nicht unzutreffender sein könnte: Et nequit in Suevis vatibus esse locus.

[2] Natürlicher wäre der Zusammenhang, wenn der Brief noch in den Juli gehörte und abgefafst wurde, bevor sich Reuchlin entschlofs, als Festgabe die Lukianübersetzung zu überreichen. Vielleicht ist die schwerlich auf Reuchlin zurückgehende Datierung Mense Sextili die Abkürzung eines lateinischen Julidatums.

einem solchen Fürsten¹) zu dienen, erkennen, daſs seine
Widmung eine huldvolle Aufnahme gefunden hatte. Um
ihm diese Gunstbezeigungen zu überbringen schickte
auch Eberhard offenbar jenen besonderen Boten, der
in dem Briefe von Wolf in Aussicht gestellt wird.²)

Von Bedeutung für die Beurteilung von Reuchlins
damaliger Übersetzerthätigkeit ist ein etwas späterer
Brief Wolfs an ihn (Geiger LIII = Clar. vir. ep. c
8ᵃᵇ), der von Geiger wohl mit Recht in den September
gesetzt wird. Die mehrfach erörterten Worte lauten:
Primam et secundam Philippicas Demosthenis, quas ex
graeco in vernaculam linguam nostram vertisti, illustris
dux de Vuirtenberg legendas mihi tradidit. Conveniunt
omnino tempori et ad rem faciunt. Utinam principio
huius congregationis unicuique principum istas tuas
translationes misisses, sed forte fecisses verba ad ventrem
carentem auribus. Gewiſs hat nun Geiger Recht (Mel.
or. S. 38 Anm. 5, wenn er den Schluſs, den Pfister
Eberhard I. . . . zu Wirtemberg S. 87f.) aus diesen
Worten zieht („die erste und zweite der Philippiken
des Demosthenes ließ Eberhard durch Reuchlin ins
Teutsche übertragen, um sie auf dem Reichstage an
seine Freunde zu vertheilen") als zuweitgehend zurück-
weist. Aber wenn sich diese Folgerung auch aus den
Worten des Briefes nicht ergeben kann, in der Sache
selbst behält Pfister bis zu einem gewissen Grade
recht. Zunächst hat ja nicht erst Wolf, sondern
Reuchlin selbst, wie jetzt das Überreichungsschreiben

---

¹) Qui mihi omnibus principibus non modo nostri
temporis praeferendus, sed et priscis clarissimis et illustribus
viris comparandus merito videtur ob virtutem. Vgl. die
ähnlichen Aussprüche bei Stälin, Wirt. Gesch. III, S. 616f.

²) Wohl konnte damit die Aufforderung an Reuchlin
verbunden sein nach Worms zu kommen, wie Geiger, Mel.
Or. S. 45f. vermutet: doch wäre es in diesem Falle immerhin
zu verwundern, daſs Reuchlin, der gern dem denkwürdigen
Reichstage beiwohnen wollte, noch zur Zeit des nächsten
von Wolf an ihn gerichteten Briefes (Geiger LIII) in
Tübingen war.

unserer Demosthenesübersetzung lehrt, auf die merkwürdige Übereinstimmung der damaligen Zustände in Deutschland mit denen der Demosthenischen Zeit hingewiesen, ja diese Vergleichung war wohl der nächste Zweck, den er bei Überreichung seiner ersten Übersetzung im Auge hatte. Da er aber, wie die schnelle Anfertigung der Lukianübersetzung zeigt, keine sonstigen Demosthenesreden zur Überreichung bereit hatte, so erscheint es durchaus nicht unwahrscheinlich, dafs Eberhard seinerseits an ihn die Aufforderung gelangen liefs, ihm weitere Reden des grofsen Redners zu schicken, die ihm in damaliger Zeit nicht ungeeignet erscheinen konnten, wenn es galt die eigene patriotische Gesinnung auch anderen einzuflöfsen. Und wenn es nun auch nach Wolfs Worten scheinen könnte, als hätten die andern Fürsten von diesen Reden keine Kenntnis genommen, so lehren die sächsischen Abschriften, dafs wenigstens Herzog Albrecht sich für die beiden ältesten Übersetzungen interessierte.

Von geringerer Bedeutung ist schliefslich die Frage, ob Reuchlin später zum Reichstage gekommen ist. Hier ist wohl Geiger zuzugeben, dafs gegenüber den sonstigen Zeugnissen für die Anwesenheit Reuchlins in Worms an der Thatsache festzuhalten ist, dafs er sich im Laufe des Septembers dahin begeben hat.[1]

II.

Reuchlin hat seine Übersetzung nach einer handschriftlichen Vorlage angefertigt; denn ein Druck war im Jahre 1495 noch nicht von der Rede vorhanden.

---

[1] Dagegen spricht nicht der Brief Sebastian Brants vom 1. Oktober (Geiger LIV): denn es findet sich hier keine Andeutung darüber, dafs Brant Reuchlin in Tübingen vermutet. Die Bemerkung Geigers (Mel. or. S. 46 Anm. 2) verstehe ich nicht. S. aber auch Distel a. a. O. S. 410 Anm. 2.

Vermutlich ist die zu Grunde liegende Handschrift verloren gegangen;[1] wenigstens findet sie sich nicht unter denen, deren Lesarten Voemel (Demosthenis contiones, Halis Sax. 1857) gegeben hat. Denn so schwierig, ja unmöglich es sein muſs, aus einer Übersetzung, die voller Fehler[2]) und Ungenauigkeiten ist, die oft nur den ungefähren Sinn giebt, die griechische Lesart überall festzustellen, so hat doch eine genaue Prüfung des Voemelschen Apparates ergeben, daſs keine seiner Handschriften der Übersetzung so nahe steht, daſs man nicht an gewissen Stellen anderen Lesarten den Vorzug geben möchte. Ich habe daher mich begnügen müssen, den Vulgatatext (im wesentlichen nach Voemel) der Übersetzung an die Seite zu stellen und bin von ihm nur dort abgewichen, wo eine handschriftliche Lesart der Übersetzung besser zu entsprechen schien. So ist jeder Leser in den Stand gesetzt, die Beschaffenheit der Übersetzung selbst zu prüfen.

Natürlich gilt auch von Reuchlin, was G. Voigt (Die Wiederbelebung des klass. Altert., II[3], S. 171) von den italienischen Humanisten als Übersetzern sagt: „Jene Männer schrieben ja auch nicht für gelehrte Philologen... Sie schrieben für genieſsende und lernlustige Dilettanten, die nach dem neuen Stoffe verlangte, die auf klare, lesbare und geschmückte Form Anspruch machten." So ist denn auch unsere Übersetzung nicht ohne alles stilistische Verdienst. Auf einige Punkte sei aufmerksam gemacht. So weit Reuchlin von der Kunst eines Luther entfernt ist, so ist es doch merkwürdig, wie auch bei ihm eine stilistische Eigentümlichkeit sich findet, die für diesen charakteristisch ist: „Die Neigung", wie es Rückert Gesch.

---

[1]) Nach gefälligen Mitteilungen der betreffenden Bibliotheksverwaltungen giebt es weder in Tübingen noch in Stuttgart in Frage kommende Handschriften.

[2]) Nur auf ein paar originelle Fehler sei hingewiesen: 3 ὡς ἔστι ... δέος (nach aller notturft, 5 τοὺς ὑποδεξαμένους (die auſgenommen sint[!]).

d. nhd. Schriftsprache II, S. 129) bezeichnet, „denselben Begriff in kräftiger Variation des Wortes mehr als einmal und dadurch der Phantasie um so viel drastischer, dem Gemüt um so viel wärmer auszusprechen." Man vergleiche z. B. libe ere und gut zu behalten ($\pi\epsilon\rho\grave{\iota}$ $\sigma\omega\tau\eta\rho\acute{\iota}\alpha\varsigma$) 3, von rums und eren wegen ($\pi\epsilon\rho\grave{\iota}$ $\delta\acute{o}\xi\eta\varsigma$) 5, kriegen oder streiten ($\pi o\lambda\epsilon\mu o\tilde{\iota}\sigma\iota\nu$) 5, irer heymet und ires vatterlands ($\tau\tilde{\eta}\varsigma$ $\pi\alpha\tau\rho\acute{\iota}\delta o\varsigma$) 5, mit flissiger bit und begere ($\kappa\epsilon\lambda\epsilon\acute{\upsilon}o\nu\tau\epsilon\varsigma$) 8, in und zu unsern handen nemen ($\pi\alpha\rho\alpha\lambda\alpha\mu\beta\acute{\alpha}\nu\epsilon\iota\nu$) 8, gezengt und hendel ($\pi\rho\alpha\gamma\mu\acute{\alpha}\tau\omega\nu$) 8, billich und von rechts wegen ($\epsilon\grave{\iota}\kappa\acute{o}\tau\omega\varsigma$) 10, verlesigkeit und hinlesigkeit ($\dot{\alpha}\mu\epsilon\lambda\epsilon\acute{\iota}\alpha\varsigma$) 10, zeit und wile ($\tau o\tilde{\iota}\varsigma$ $\kappa\alpha\iota\rho o\tilde{\iota}\varsigma$) 10 u. a. m. Seinem Grundsatze getreu, den er Tusc. S. 27 A. 30 ausspricht:[1] Merk hie, das man sich schemmen sol in tütschen reden und predigen vil latyns darunder ze müschen, hat Reuchlin ferner nur die Fremdwörter gubernator 4, thirannei 5, regementen 5, regerung 28, bancket 20, ordiniren 24 in unserer Übersetzung zugelassen. Dabei ist zu beachten, dafs auch bei ihm gelegentlich, wie bei Luther,[2] das Fremdwort dem deutschen Ausdrucke zur Seite steht; z. B. ein hertzog gubernator 4.

III.

Für die Beurteilung unseres Textes nach der sprachlichen Seite mufs auf einen bedeutsamen Umstand hingewiesen werden. Vergleicht man nämlich die beiden in Dresden gefundenen Übersetzungen mit den übrigen deutschen Schriften Reuchlins, so ergiebt sich, dafs hier die reuchlinischen Originale in den

---

[1] Distel, der diese Worte als Motto seiner Publikation voranstellt, giebt sie nur ihrem allgemeinem Sinne nach wieder.
[2] Vgl. über Luthers Tischreden: F. Saudvofs (Preufs. Jahrbücher 1897. S. 323 ff.) und O. Sarrazin (Zeitschr. d. allg. deutschen Sprachvereins 1897. S. 227 ff.).

lautlichen und orthographischen Verhältnissen durch den sächsischen Abschreiber mannigfach umgestaltet worden sind. Natürlich kann es bei den unsicheren Verhältnissen der deutschen Schriftsprache um die Wende des 15. Jahrhunderts und bei der möglichen Wandelbarkeit der reuchlinschen Ausdrucksweise selbst nicht im einzelnen versucht werden die Hand des Verfassers wiederherzustellen, wohl aber wird sich ergeben, daſs die sprachliche Buntscheckigkeit der beiden Texte ihm nicht ohne weiteres zur Last gelegt werden darf.

Für die Feststellung der Sprache Reuchlins stehen uns aufser den beiden Übersetzungen[1]) folgende, nicht unbeträchtlich jüngere Werke zur Verfügung:

1. Doctor iohanns Reuchlins tütſch miſſiue warumb die Juden ſo lang im ellend ſind, Pforßheim 1505. (Benutzt nach Böcking, Ulrici Hutteni equ. operum suppl. I, p. 177—179, wo nur die hebräischen Stellen mit ihrer Übersetzung weggelassen sind, citiert Miss.)

---

[1]) Der Kürze wegen wird die Demosthenesübersetzung nur D citiert unter Beifügung des Paragraphen, die Einleitung De, das Argument Da, die zweite Vorbemerkung De 2; ebenso die Lukianübersetzung Le, La, L unter Anführung der Seitenzahlen bei Distel, wobei zu bemerken ist, daſs S. 5 des Sonderabzuges S. 412 der Zeitschrift entspricht (also 6 = 413; 7 = 414; 8 = 415; 9 = 416; 10 = 417). Distel hat einige Bemerkungen der Handschrift weggelassen, die ich hier nachtrage. Vor La steht: die vorred (vnd) das nachgend luci(ani b)uchlein; hinter La: hie endet ſich die vorrede, nun volgt hernach das buchelein; hinter L die Schluſsbemerkung (subscr.): Hye endt ſich lucianus buchelein dem durchleuchten hochgebornen furſtenn vnnd hern hern Eberharten hertzogen zu Wertemberg vnnd zu Tegk grauen zu Mumpelgarten durch doctor Johans Reuchlein auſs friſcher ſprach zu teutſchs gemacht, zeugnuſs ſein aigen hantſchrifft ꝛc. — Es ist zu betonen, daſs, wenn auch der Schreiber beider Übersetzungen, wie schon der Ductus zeigt, derselbe ist, so doch L zwar nachlässiger geschrieben ist, aber vielleicht gerade deshalb in manchem Punkte Reuchlius Hand weniger verwischt hat.

2. Doctor Johannsen Reuchlins ... Augenspiegel, 1510/1 gedruckt bei Anshelm.¹) (Benutzt in einem Originaldruck der Königl. öffentlichen Bibliothek zu Dresden, citiert Aug.)
3. Ain clare verstentnus in tütsch vff doctor Johannsen Reuchlins ratschlag von den juden büchern vor mals auch zů latin im Augenspiegel vßgangen, 1512 gedruckt bei Anshelm in Tübingen (vgl. Steiff S. 86). Benutzt in einer Originalausgabe der Königl. öffentl. Bibl. zu Dresden, citiert Verst.).
4. Nur wenige deutsche Worte, namentlich auf dem Titel, bietet die Defensio vom Jahre 1513. (Benutzt in einem Originaldrucke der Königl. öff. Bibl. zu Dresden, citiert Def.).
5. Übersetzung von Tusculanen I. cap. 1—10 mit Anmerkungen²) aus dem Jahre 1501, herausgegeben von Karl Hartfelder: Deutsche Übersetzungen klassischer Schriftsteller aus dem Heidelberger Humanistenkreis, Heidelberg 1884. (Citiert Tusc. unter Beifügung der Paragraphenzahl.)
6. Folgende Briefe: vom 24. Juni 1501 (Geiger, Joh. Reuchlins Briefwechsel no. LXXIX, S. 74), v. 26. März 1510 (Geiger no. CXIV, S. 121 Überschrift),³) v. 31. August 1512 (Geiger no. CLII, S. 176), v. J. 1513 (?) (Geiger no. CLXXVI, S. 207), v. 6. April 1514 (Geiger, Zeitschrift f. vergl. Litteraturgesch., N. F. 4 (1891), S. 155f.), v.

---

¹) Vgl Karl Steiff. Der erste Buchdruck in Tübingen, Tübingen 1881. S. 78f.; Geiger, Joh. Reuchlin. S. 248f.

²) Es wäre zu wünschen, dass die ganze, vielleicht von Reuchlin selbst geschriebene (Hartfelder, S. 27 Anm. b) Übersetzung des I Buches der Tusculanen genau veröffentlicht würde, zumal Hartfelder den Text etwas willkürlich zurechtgestutzt hat (vgl. Hartfelder, S. 13).

³) Vgl. auch die deutschen Überschriften der an denselben Ammerbach gerichteten lateinischen Briefe no. CXVIII, CXXIII, CXXV.

24. August 1519 (Geiger no. CCLXXXIII, S. 316), vom 3. Januar 1521 (Ulmann, Franz von Sickingen, S. 406, no. V; vgl. Geiger no. CCXCVIII, S. 327). (Citiert unter der betreffenden Jahreszahl, bez. unter Beifügung der Seite bei Geiger, Briefwechsel.)

Auszuscheiden sind die Briefe Geiger no. XXXVI, CCLVI und CCLXV, da ihr sprachliches Gewand von dem, wie wir zeigen werden, genügend einheitlichen Sprachcharakter Reuchlins durchaus verschieden ist. Der erste vom 28. März 1492 datierte, mit Röchlein unterzeichnete und schon von Geiger beanstandete Brief zeigt z. B. die konsequente Verwendung der neuen Diphthonge ei, au, eu, den Gebrauch von ei neben ai. von nicht neben nit u. a. m.; er ist wohl Reuchlin ganz abzusprechen. Anders steht die Sache mit den beiden bekannten an Friedrich den Weisen gerichteten Schreiben vom 7. Mai und 25. Juli 1518, in denen er dem Kurfürsten Melanchthon empfiehlt. Auch hier findet sich abweichend von Reuchlins sonstigem festen Brauche keine Spur des alten Vokalismus, sondern nur ei, au, eu, ferner ai statt ei, Dehnungs-h fast wie in der nhd. Rechtschreibung, nur noch etwas reichlicher, ie in viel, dieſer u. s. w., einfaches f in denken u. s. w., sowie nicht, ſtehen, beſonders u. a. m. Nun hat bereits Förstemann (Bretschneider, Corp. reform. I, no. 14, Sp. 27 ff.) mit Rücksicht auf die Diction von CCLVI die durchaus wahrscheinliche Vermutung aufgestellt, er sei ursprünglich von Reuchlin lateinisch abgefafst worden, zumal er sich als Antwortschreiben auf einen lateinischen Brief des Kurfürsten darstellt. Ebenso urteilt Förstemann (Corp. ref. I, no. 17, Sp. 34) über den andern Brief, der noch die lateinische Überschrift R. Frid. . . . Principi Electori trägt.[1]) Nur darin wird man von Förstemann abweichen müssen, dafs man

---

[1]) Vgl. auch Friedrich Paulsen. Geschichte des gelehrten Unterrichts, S. 73 Anm. 1.

nicht einen Zeitgenossen Reuchlins als Übersetzer der beiden Briefe betrachtet; die aufgezählten Eigentümlichkeiten der Orthographie weisen zum Teil auf eine jüngere Zeit, als auf die der lateinischen Originale. Dafs man gerade diese beiden Schreiben verdeutschte, ist ein Beweis für die Wichtigkeit, die man von jeher den für Melanchthons wissenschaftliche Stellung interessanten Urkunden beimafs.

Noch eine zweite Einschränkung ist zu machen, wenn es gilt, aus den erhaltenen Schriften die Ausdrucksweise Reuchlins festzustellen. Nur die handschriftlich überlieferten Werke zeigen die Eigenart eines Schriftstellers aus dem Ende des 15. Jahrhunderts rein und unverändert;[1]) und so bieten in der That die nur als gleichzeitige Drucke vorliegenden Schriften (Miss., Aug., Verst.) manche Abweichungen von den handschriftlich erhaltenen. Geht man von den letzteren aus, so läfst sich die interessante Thatsache erkennen, dafs bei Reuchlin selbst von den wesentlichen Gesetzen der neuen Schriftsprache, wie sie nicht nur in der maximilianischen Kanzleisprache, sondern auch in den meisten Drucken des 15. Jahrhunderts schon zum Siege gelangt waren,[2]) fast nichts zu spüren ist. In merkwürdigem Partikularismus wagt er es in der That, wie er es ausspricht (Le, Do 2), ſwebiſch(s) teutſch zu schreiben. Dafs ein Mann wie Reuchlin, der für ganz Deutschland solche Bedeutung hatte, der als Sekretär eines der angesehensten Fürsten der Vorstand einer wichtigen Kanzlei war, es wagen konnte, in bewufster Absicht für seinen heimischen Dialekt einzutreten, mufs uns überraschen. Es beweist einerseits, welche Bedeutung diese Mundart damals noch hatte, andererseits, dafs es in der That allen Einschränkungen zum

---

[1]) Ernst Wülcker, Germania 1883, S. 207; Johannes Luther, Die Reformationsbibliographie und die Geschichte der deutschen Sprache, Berlin 1898, S. 8 ff.
[2]) Kauffmann, Geschichte der schwäbischen Mundart, Strafsburg 1890, S. 289.

Trotz, die bis auf den heutigen Tag immer wieder versucht worden sind,[1]) eines Luthers bedurfte, dessen gewaltige Autorität auch auf diesem Gebiete alle Versuche, wieder rückwärts zu schreiten, unmöglich machte.

Betrachten wir zunächst den Vokalismus bei Reuchlin, so ist die merkwürdigste Erscheinung die konsequente Beibehaltung der alten mhd. langen Vokale i, u, ü. Daſs es sich hierbei für manche Gegenden nicht nur um eine bloſse Schreibgewohnheit handelt (vgl. Kauffmann S. 167 ff.), scheint der Umstand zu lehren, daſs Niclas von Wyle in der Reihe der von ihm getadelten Neuerungen ei und au statt î und û übergeht (Paul Pietsch, M. Luther u. d. hochd. Schriftsprache, Breslau 1883, S. 19), wenn auch z. B. ein um 1494 geschriebenes Werk beide Vokale neben einander bietet (Weinhold, Alemannische Grammatik S. 86 § 99).

ei statt mhd. î (geschrieben i, y, auch ii, ij) findet sich nur gelegentlich in späten Briefen,[2]) von den Druckwerken hält das ältere Miss. den reuchlinschen Brauch streng fest, Aug. und Verst. bieten junge und alte Formen neben einander, doch so, daſs sich gewisse Gewohnheiten erkennen lassen, denen wiederum die Wortbilder in den beiden Übersetzungen (LD) nur zum Teil entsprechen. So haben Aug. und Verst. nur latin(iſch), ebenso D; beide Drucke bieten für das nhd. „ein" in Zusammensetzungen regelmäſsig yn (in geschrieben nur Verst. C 2) und fast stets by (Aug. 33 bei; Aug. 40b beiſpil), L und besonders D haben den alten Laut in beiden Fällen nur noch selten (ingenomen L 8, 9, ingedenck L 9; by Do, darby L 9). Alte Formen des Verbums ſein, sowie der Pronomina (in der Regel mit

---

[1]) Karl Erbe, Der schwäbische Wortschatz, Festschrift zur zehnten Hauptvers. d. allg. deutschen Sprachvereins, Stuttgart 1897, S. 1 ff. S. dagegen Johannes Luther S. 6 f., wo auch die Litteratur verzeichnet ist.

[2]) 1519, S. 317 ſei, S. 318 fleiſsſlich; 1521, S. 407 ſeinen, ſtillſchweygen. — Die Schreibung erweiſs (Tusc. 10) ist möglicherweise nur ein Versehen des Herausgebers.

y, selten mit i geschrieben) hat die spätere Druckschrift Verst. sogar noch reichlicher als der ältere Aug., nur noch ganz vereinzelt treten sie in L (ſin 9, 10; mpn Le, e, e; ſin L 9, ſpn L 6) oder gar in D· (min De 2, ſin D 4, 16) auf. Eigentümlich ist andererseits LD das häufige Vorkommen des einfachen Vokales bei zyt (i nur D 7 in zitlang) und wile, das gewöhnlich in der bei Reuchlin sonst nicht auftretenden, wohl aber beispielsweise bei Niklas von Wyle vorkommenden Zusammenziehung dwil sich findet (nur D 6 für die weil); in beiden Fällen haben gerade die beiden Drucke von vndert(h)wylen abgesehen (Aug. A 2, 9, 11, 15 b, 16, 36; Verst. B 4 b) meist die jüngere Form. Aber auch andere einzelne i-Formen bieten LD noch ziemlich zahlreich (vorzyhen L 9, bewifen D 24, erſchinen Le, angriffen D 24), zum Teil neben Formen mit ei (erterich L 8, wife D 16, wit D 27, lib L 9, geglichet L 7, fliſſig D 8, villicht D 10, 26).

Besondere Hervorhebung verdient die einzig von Reuchlin selbst gebrauchte Deminutivendung lin, die bei Luther eigentümlicherweise erst später zur festen Regel wird und die diphthongierte Form wieder verdrängt (Neubauer, Martin Luther, Halle a. S. 1891, S. 219). Auch die Drucke geben nie lein; offenbar wurde die Endung so kurz und flüchtig ausgesprochen, dafs man dafür auch len schreiben konnte (Kauffmann S. 132). So hat Aug. büchlen (3 b, 5 b, 32 b, 32 b, 36).[1] Daher geht buchlein (La überschr., De) oder buchelein (Le, a subscr.) neben buchlin (La, De), ebenso wie alles andere jüngere ei unserer Übersetzungen auf den md. Schreiber zurück. Auch den Namen unseres Humanisten hat der Abschreiber in Reuchlein (De, L subscr.) entstellt, während die richtige Namensform nur einmal (Le) erhalten ist, daneben sich die auf

---

[1] büchlen (Zft. f. vgl. L. 1891, S. 155) ist wohl ein blofses Versehen, vielleicht nur des Druckers.

einem Mifsverständnisse beruhende Schreibung Reuchling findet.¹)

Das alte mhd. u²) hält Reuchlin ebenfalls konsequent fest (nur 1519, S. 318 tauſend), namentlich auch in den Präpositionen vſſ und vß, die aus den mhd. frühverkürzten (Kauffmann S. 76f.) Formen *ûf* und *ûz* hervorgegangen sind. Auch die beiden späteren Drucke Aug. und Verst. bieten vſſ regelmäfsig (nur Aug. A 4 auff), vß Aug. etwa dreimal so häufig als auß (oder aus), Verst. fast durchgängig, Formen, die sich bis ins 17. Jahrhundert urkundlich im Schwäbischen belegen lassen.³) Der md. Schreiber unserer Übersetzungen hat hier die reuchlinsche Schreibung fast ganz getilgt; nur D 28 und L 8 findet sich vſſ neben sonst üblichem auf (L 8 auff), D 27 daruß neben dem in mannigfacher Orthographie auftretenden auß.⁴)

Weniger fest ist bei Reuchlin schon das alte ü, oft nur u geschrieben, für das bereits im 15. Jahrh. eu

---

¹) Wenn auch Reuchlin kein Freund davon war, seinem Namen eine lateinische Endung anzuhängen (Geiger, Renaissance und Humanismus S. 504), so geht doch sicher Reuchling (De 2), wie Distel betont, auf die mit gekürzter Endung geschriebene lateinische Namensform Reuchlinus zurück. Ähnlich ist in unserem Texte olinthiacus (De) gekürzt, und in den Druckwerken Jeſus (Aug. 7), Paulus (Aug. 15b) u. a. Die von Geiger (Mel. or. S. 29 Anm.) als Namensformen aufgeführten Schreibungen Röchlin, Roeuchlin, Räuchlein, Rochli sind schwerlich von Reuchlin selbst je neben der uns geläufigen gebraucht worden. Nur die Verwendung des älteren Vokalismus (Röuchlin, Rouchlin), wie sie die Überschrift der Tusc. und der dazugehörige Brief (1501) übereinstimmend bieten, geht auf ihn selbst zurück.

²) Vgl. die noch jüngeren Zeugnisse über die Verwendung dieses u im Schwäbischen bei Carl Müller, Albert Ölingers deutsche Grammatik und ihre Quellen (Festschrift der 44. Vers. deutscher Philologen ..., Dresden 1897) S. 42.

³) Wagner, Der gegenwärtige Lautbestand des Schwäbischen in der Mundart von Reutlingen. II. Teil, 1891, S. 106f.

⁴) auſerwelt De, aufſprechen D 2, auzmeſſen L 6, auſzs D 7 neben dem üblichen auß.

gedruckt wird (Weinhold, Al. Gr. §. 100). Beliebt sind bereits die Pronominalformen, wie euwer (ewer) (1501; Miss. 177, 14, 15), ferner femwer (Tusc. 19, 19), neuwem (Tusc. 1), teuer und freundt (1519, S. 316). In den späteren Drucken ist der Diphthong fast völlig zur Herrschaft gelangt, nur scheint in Citaten, namentlich aus der Bibel und anderen religiösen Schriften, gern der alte Vokal gesetzt zu werden; so bei üch (Aug. 12b, 34b, 35b), ūwer (Aug. 20, 20b, 34b), aufserdem besonders in tütſch und tüfel. Den einzigen Rest des alten Vokalismus bietet in unseren Texten das Wort frund (L 7, 9, 10), eine Schreibung, die sich ja auch bei Luther noch findet (Neubauer S. 220).

Auch in der Verwendung der mhd. Diphthonge zeigt Reuchlin den alten Lautstand.

Konsequent hält er an der charakteristischen Schreibung der kaiserlichen Kanzlei (Franke, Grundzüge der Schriftsprache Luthers [Neues Lausitzer Magazin], Görlitz, 1888. S. 10) ai fest, im Gegensatz zu den Bestrebungen der Zeit (Kauffmann S. 289). Er begegnet sich auch hierin mit dem partikularistischen Niklas von Wyle, der sich über die Einführung des neuen ei so gewaltig aufregt (P. Pietsch, Martin Luther S. 19). Nur an einigen wenigen Stellen seiner Briefe ist ihm ei mit untergelaufen: 1501 heiligenn, 1512, S. 178 abteilen, 1514 fein, billicheit, 1519, S. 316 kleinen, 1521, S. 407 teil, einen. Die beiden jüngeren Drucke (Aug., Verst.) aber scheiden konsequent durch die Bezeichnung ai den alten Diphthong von dem neuen aus mhd. ī entstandenen ei, ein Verfahren, das in Züricher Drucken bis ins 17. Jahrhundert festgehalten wird (Weinhold, Al. Gr. §. 49). Von welcher Bedeutung auch für Reuchlin der Drucker war, zeigt das Miss. Da hier die neuen Diphthonge noch streng gemieden werden, so konnte der Drucker für den alten Diphthong durchgängig ei (ey) 178, 4) setzen. Der md. Schreiber unserer Texte hat im Anschlufs an die Kanzleien des nordöstlichen Thüringens, die ai nicht schreiben (Franke S. 11), ei oder ey dafür fast überall in D, weit weniger in L eingesetzt.

Stets bewahrt Reuchlin selbst die historische Schreibung ie, sogar vor Doppelkonsonanz (liecht Tusc. 12, Aug. 5; gieng Tusc. 5, 8; Aug. 3b, 11b); LD zeigen nur selten bei einem Worte einen festen Brauch, wie z. B. bei dem etwa 25 mal vorkommenden frieg (nur Da frichten), meist herrscht Regellosigkeit: bei lieb (selten i), friechisch (selten ie), dinst, zirlich u. s. w. Neben juend t) [fiend(t)] haben Aug. und Verst. oft auch synd(t), LD feind t) L 7, D 7, 7, 27; nur L 9 steht sind mit darübergeschriebenem e.

ou wird noch in den Tusc. streng festgehalten. In den Briefen findet sich schon vereinzelt auch (1501, 1514), glauben (1519), lauffen (1519), verkauffen (1514); ebenso im Miss. auch (177, 27; 178, 29). glauben (179, 25, fraw (179, 4). In den jüngeren beiden Drucken ist der alte Diphthong bis auf geringe Spuren (ougen Aug. 10) verdrängt. LD haben nur die jüngere Schreibung au.[1])

Nur den mhd. Diphthong uo (üe) behielt auch Reuchlin nicht bei.[2]) Als Ersatz dafür tritt in seltenen Fällen die noch heute im Schwäbischen vorkommende (Weinhold, Al. Gr. §. 108), aber auch der kaiserlichen Kanzlei damals eigene (Franke S. 10, 13) Abschwächung ue (üe) ein, z. B. bei thuen (Tusc. 21, Aug. 20b), demüetig (Verst. A 2); auch LD haben: gemuet (D 21), bluetvergießen (L 9), natwer (L 7). In den Tusc. hatte Reuchlin meist den alten Diphthong durch ein über das u gesetztes o (selten e) bezeichnet. Fehlt es aber auch hier schon nicht an falschen Bezeichnungen, so bieten die anderen Schriften mit Ausnahme von LD, wo die Zeichen über dem u bis auf gelegentliche Haken ganz

---

[1]) Dabei wird überall statt u oder neben u auch w geschrieben in Worten, die im Mhd. w hatten; vgl. trauwen D 11, bauwen D 22, getrauwen D 26.

[2]) Zahlreiche Belege für uo, die sogar bis gegen das Ende des 17. Jahrh. vorkommen, bietet Wagner II, S. 135.

zu fehlen scheinen, bisweilen den bekannten Wirrwarr jener Zeiten, wo alle diese Unterscheidungen des u, sogar die sonst den Umlaut kennzeichnenden Striche nur noch dazu dienen, den u=Laut von v zu unterscheiden (Rückert, Geschichte der nhd. Schriftsprache II, S. 61 ff.).

Dem Umlaut, dem das Schwäbische einen gewissen Widerstand entgegensetzt (Weinhold, Al. Gr. §. 79), meidet auch Reuchlin nicht selten. LD können freilich nur für den durch e ausgedrückten Umlaut von a in Frage kommen, da bei dem Mangel aller Zeichen über den Vokalen die anderen Umlaute sich garnicht erkennen lassen.[1]) Aber auch für die übrigen Schriften Reuchlins ist es wohl oft zweifelhaft, ob der Umlaut unterblieben ist oder nur die Umlautsbezeichnung fehlt, sobald seine Schreibung nicht konsequent ist, wie bei offnen, offen(t)lich, stuck, burger, bedunckten.

a erscheint als unterlassener Umlaut oder auch Rückumlaut nicht selten in Formen von fallen, halten, zalen, ferner in am basten, schantlich, falschlich, langest, erkanntnis u. s. w., vor allem in clarlich. Ebenso haben LD schantlich (L 10), vnnerschampt (L 10), handel (De; sonst regelmäfsig hendel), gesatzt (D 13), zurnam (La). Umgekehrt findet sich e als echter oder unechter Umlaut, sowie als unterlassener Rückumlaut in der ausschliefslich gebrauchten Form verbrent, häufig in gesennt und Anhang, seltener in genennt, gewendt u. s. w.; ebenso steht D 25 gesendt, La benent (genant L a, 10), besent L 7 (erkant D 7). Dazu kommen Formen wie felscher, vngeweichen, senfft und Anh., ferner erber, vnzalber, sowie aus LD: heymet D 5, legern D 18, zugefel (zufallen) D 23, angefengt (anfange) D 15. Konsequent schreibt Reuchlin die schon im Mhd. vor-

---

[1]) Wülcker (Germania 1883, S. 201) weist freilich darauf hin, dafs dem Md. der Umlaut von o und u überhaupt unsympathisch ist. Schwerlich hat also Rückert (I, S. 244) recht, wenn er behauptet, dafs es schon um 1500 für die md. Schriftsprache entschieden war, dafs sie hier dem gemeindeutschen Sprachgefühl folgen mufste.

handenen Präterita het(t)e, thet(t)e,¹) ein Brauch, dem sich D (a 2, a 3, 8) durchaus anschliefst. Die Umlautsbezeichnung ae findet sich nur in der alten Form quaeme D 18, während die Tusc. gelegentlich auch ä (ä) bieten in ämpter, ercleren, lästerlich, nähers, gedächtnis, gräber, brächt, unsälig u. s. w.

Da ö dem mhd. e sehr nahe steht (Kauffmann S. 78 f.), so ist der Umlaut in den Formen von wollen durchaus natürlich (s. u.). So bietet denn Reuchlin in mehr als 100 Fällen die umgelauteten Formen, denen gegenüber die Formen mit o völlig verschwinden. Selten findet sich auch söllen, oft söl(l)(i)ch und öber nebst Anhang.

Den Umlaut von altem ou (oder û) schreibt Reuchlin öu oder besonders häufig (so allein in LD) eu (z. B. in freuter Aug. 3, seust Aug. 4b). Nur unseren Texten eigen ist die Schreibung mit a, die, da die Bezeichnung des Umlautes fehlt, als au auftritt in getrauwenn (D 10), nauwen (De), bedaucht L 9) und besonders in der üblichen Pronominalform auch (euch).²) Nicht selten unterbleibt auch in den anderen Schriften Reuchlins der Umlaut bei glaubig, haupter, rauber u. s. w. oder wird abweichend von unserem Gebrauche gesetzt, wie in röuffen (1519), heupt (heubt) D 15, 15 (über gleybenn D 23 s. u. S. XXX).

In vielen Einzelfällen hat Reuchlin den mhd. Vokalismus. Zeigen hier gerade die ältesten Werke (LD) einen jüngeren Vokalstand, so geht dieser aller Wahrscheinlichkeit nach auf den Abschreiber zurück. Reichlich setzt Reuchlin die mhd. Verbalformen ich gib, nym(me), sich, sprich, er vergicht; ebenso heifst es D 10 gyb, D 22 vernyme. Dem Partizipium gewunnen (Aug. 32b) entspricht vnderwurffenn D 23, aufgezugen D 3 (s. u.)³).

---

¹) Carl Müller, Albert Ölingers Grammatik, S. 75.
²) Distel durfte daher Le nicht e. f. g. euer fürstliche gnaden ergänzen, da auch hier auch Pronomen ist.
³) Vgl. auch die Präterita befunden Da 2 und gebunnen D 10).

Das Präsenspartizip hat e in betreffende Aug. 1, gebende Aug. 7, ligende 1512, S. 178; ebenso in jagende La. Wie im Mhd. (selten im Schwäbischen: Kauffmann S. 112) tritt e in gewissen Endungen auf. So heifst es unseelig (Tusc. 12), ebenso D 21 unzeitig. Der von Reuchlin selbst allein gewählten Schreibung griechesch (Tusc. oft, Briefe von 1512, 1513) entspricht in unseren Texten nur einmal (Le) friechesch; über die anderen Formen s. u. Den geschwächten Vokal der Endungen in Suffixen schreibt Reuchlin noch oft i in Übereinstimmung mit den schwäbischen Lautverhältnissen (Kauffmann S. 110 f.); vgl. guldin (Aug. 32b, Verst. C 2), perlin (Aug. 19b), fügin(en) (Aug. 32b, 37, 41, 41) und besonders die Superlative. So haben auch LD: ubertrefflichistenn (De), allergnedigister (Le), vernunfftigister (L 7).[1] Als Zwischenlaut findet sich i, wie im Mhd., auch in söl(l)ich oder sol(l)ich (stets in den Tusc. und Briefen), welich oder wölich (Tusc. 1, 11, 13, 20), manich (Tusc. 20, Aug. 20, Verst. A 3b, A 4); nur selten bieten DL solich (D 19, Le, 7), daneben auch zuerich (zwerch, quer D 12), da gerade umgekehrt hier eine Ausstofsung des i beliebt ist, z. B. in eingen (einigen) D 23, trichsch (s. u.). Den Zwischenlaut e hat Reuchlin noch nach mhd. Weise in Worten wie belyben (in Drucken beleiben),[2] in Verbalformen wie haltest, sowie in Superlativen (langest) und Worten wie ainest, uberig, selbest (s. u.). Ebenso geben unsere Texte aufser beleyben (Le) und uberig (D 28) noch buchelein La subscr., nutzelich D 1, gelimpff und Anhang D 9, 24. begegenen D 15, gedechtenus D 28. Beliebt ist auch das alte Endungs-e in Worten wie aide, jare, tiere, synne und besonders häufig in sune oder son(n)e (Sohn); die letztere Form begegnet uns auch L 5, 7, aufserdem herre Le, De, furste Le, mere L 9, forme De, 12.

---

[1] Über andere Erscheinungen s. u. S. XXXII.
[2] Nur das Miss. schreibt hier eigentümlicherweise bliben (179, 17, 17, 18).

gewarſame D 16; sowie einige Adverbien, wie balde
Da 2, L 7, gemache L 10, barine D c, c 2 und das
besonders häufige, bei Reuchlin selbst nie auftretende
wole. Die Formen gen und ſten,[1]) die Niklas von
Wyle als rinifche Eindringlinge tadelt (Kauffmann S. 277)
sind bei Reuchlin selbst [ſte(e)t 1501; Miss. 178, 7, 30;
Aug. 5, 35b; ſte(e)n Aug. 12; 1514, 1519; verſtend
Verst. B 3b] wie in unseren Texten (ſthe D 2, 8)
den Formen mit a gegenüber in der verschwindenden
Minderheit; eigentümlicherweise haben aber wieder LD
bereits dem Nh. entsprechende Formen mit h (gehen
Da 3, 20: L 6).

Gröfser ist die Verschiedenheit zwischen den
sonstigen Schriften und LD in der Verwendung des
alten u (ü), wofür im Nhd. durchgängig o (ö) eingetreten ist. Die betreffenden Formen von können
haben überall gleichmäfsig ü: fünd(t), fünden, gefünt
(Weinhold S. 398 f.), von den sonst nicht seltenen
Formen von kommen mit u hat der md. Abschreiber,
dem Gebrauche der zum Nhd. neigenden Schriftsteller
(Lexer, Mhd. Hdw. I 1668) entsprechend, keine Spur.
In allen der Hand Reuchlins am nächsten stehenden
Schriften, den Tusc.[2]) und Briefen, findet sich im Worte
jonder u. Anh. fast konsequent der frühzeitig auch im
Schwäbischen (Weinhold, Al. Gr. S. 76) eingetretene
o-laut, LD aber haben hier, wie die Drucke, vor allem
Aug., nahezu ausschliefslich das alte u. Ebenso bietet
Reuchlin von müglich (Aug. 34 b) und unmüglich (Aug.
41b, Verst. B) abgesehen nur mögen, LD haben daneben
auch reichlich das ältere mugen. In vielen Einzelfällen begegnet sich der schwäbische (Weinhold, Al.
Gr. §. 85) und der md. Brauch, wie ihn z. B. Luther
bietet (Franke S. 51 ff.), bei der Erhaltung von altem

---

[1]) Die Schreibung ſtain (La· findet sich sonst nirgends,
ist aber aus dem Alemannischen zu belegen (Weinhold,
Al. Gr. S. 50.

[2]) Nur geſündert findet sich 20, 21.

u, in andern zeigt sich Verschiedenheit: junne (Sohn)
Aug., Verst. (oft): Le; gülbin Verst. C2: guldene L 6; fünig
Aug. (oft) und fönig Tusc. 3, Miss. (oft), 1521: fonig
LD (oft). Auserdem bietet Reuchlin oft Formen,
wie frumm (frömkait Tusc. 2), Münch, junne (Sonne)
(Aug. 11b), truglich (Verst. C 4b), ebenso De überiten,
L 5 sumer got (vgl. Weinhold, Al. Gr. S. 317).

Verschieden von Reuchlins sonstigem Brauche
ist in LD auch die Behandlung der mhd. Formen
wâ und *âne*. Während nämlich Reuchlin in der
Regel[1] wa und on setzt, haben LD nur umgekehrt
wo und an, das ja auch bei Luther in den älteren
Werken zu lesen ist (Franke S. 47). Ferner heifst es
bei Reuchlin nur[2] dann (selten dan geschrieben),
dannocht (selten danocht, auch dannecht D 21) oder
mit schon im Mhd. (Lexer, Mhd. Hdwb. I Sp. 409)
üblicher Umkehr noch dan,[3] LD bieten bereits auch
den jüngeren Vokal in den (D 4, 8, 9), denn (L 10),
dennocht (D 10), denacht (De).

Gewisse mhd. Erscheinungen des Vokalismus, die
sich sonst noch bei Reuchlin finden, sind in unseren
Texten nicht mehr vorhanden, auch wenn die Wort-
stämme zu belegen sind.[4] So lesen wir wellen
(Aug. 6b, 19; Verst. B 3; 1512 S. 177), sowie das
von Reuchlin bevorzugte ze (vgl. Tusc.; 1512, 1521),
aintweder (Tusc. 14) u. a. Andererseits scheint nur
L 10 das gelegentlich freilich auch im Md. erhaltene
(Franke S. 55) mhd. *zur* in zurstert vorzukommen.

Auch hinsichtlich des Auftretens spezifisch **schwäbischer Vokalerscheinungen** scheiden sich LD

---

[1] wo: Tusc. 1, Verst. A 2, C 5b.
[2] Der Brief v. J. 1521. S. 407 bietet den, wenn hier
nicht ein Druckversehen vorliegt.
[3] Miss. 178, 40; Aug. 7b (noch dann), 8b, 8b, 8b, 14b,
38b; vgl. L 8: noch dan; De. 16: nach dann. Falsch wird
es von Distel, S. 8 Anm. 48 als danach erklärt.
[4] Von nicht vorkommenden Stämmen vgl. schlofsrede,
z. B. Aug. 37, 39; Verst. A 4.

gelegentlich von den anderen Schriften. Nur in teilweiser Übereinstimmung mit dem Mhd. befindet sich das Schwäbische in der Zulassung der Vokalverdumpfung und -vertiefung. a wird zu o von Einzelheiten, wie won (Aug. 7b), somen (Aug. 38), schmochlich (Aug. 22), abgesehen in der ausschliefslich[1]) von Reuchlin gebrauchten Form gethon und den in überwiegender Mehrheit vorkommenden Schreibungen gon, gond, ſtond, ſton(n), hon(d) (s. S. LIV). Von diesem Vokalismus ist in LD kaum noch eine Spur (gethon L 7) zu finden, während hier umgekehrt eine dem md. eigene, Reuchlin selbst durchaus fremde Wandlung eines andern a in o zu bemerken ist (s. S. XXXII). Ferner bieten die Tusc. und das dazu gehörige Widmungsschreiben (1501) die im Schwäbischen so beliebte diphthongische Aussprache des a, die mit au oder å bezeichnet wird, in Worten wie raut, jaur, åbent, waur, frågen, lauſſen,[2]) ſchwåch, ſpråch, wå, haut, ſtåt u. s. w. Während die Spuren dieses Vokalismus sogar in den Druckwerken nicht ganz fehlen (Aug. A 4 grempelfraum), sind LD ganz frei davon. Ebenso beschränkt sich das schwäbische (Kauffmann S. 72 f.) ou oder ö[3]) statt o auf die Tusc. und die Briefe. Besonders häufig ist toud (Tusc. oft; 1501, 1519), aufserdem kommt vor groußen oder größen (Tusc. 5, 10), louß (1501), höhe und höch (Tusc. 2, 20). Ein Anklang an diese Schreibung liegt vor in den sonst bei Reuchlin nicht üblichen, aber im Schwäbischen ähnlich vorkommenden Schreibungen (Kauffmann S. 73; Distel S. 9 A. 64 b) toit (L 7) und noit (L 9, 9). Auch öu für ö findet sich, wenn auch selten, in den Tusc.; so in böuß

---

[1]) Tusc. 3, 7 get(h)an ist wohl nur Versehen des Herausgebers. — Aug. (fast regelmäfsig) und Verst. (selten) schreiben auch den Infinitiv thon (selten ton): vgl. Kauffmann S. 100.
[2]) Vgl über die den md. Lautverhältnissen entsprechende Form in LD S. XXXII.
[3]) Bisweilen wird sogar oü geschrieben: oüch Tusc. 5; erloüpt Tusc. 6; toüd Tusc. 9.

(9; 16 oft böß) und gröußers (16). Die lautliche Bezeichnung ö statt e (Weinhold, Al. Gr. § 92; Kauffmann S. 51 und 79) ist besonders den Tusc. eigen in Worten wie öwig, fören, wölicher, öpfel, fehlt aber auch in den Briefen (öwig 1519) und im Aug. (bößer u. Anh. Aug. 15 b) nicht. Besonders in den Briefen begegnet die zuerst im 15. Jahrhundert auftretende (Weinhold, Al. Gr. §. 100) Verdumpfung von ei zu öu, selten eu geschrieben: zöugen u. Anh. (1512, 1513, 1519, 1521[1]); Verst. A 4b); eröugt (1512); schlöuffen (Aug. 19), vnderschleufft (Aug. 5). Die vertiefte Aussprache ü statt i zeigt sich von der nur im Miss. auftretenden Endung =nüs (nüß) abgesehen[2]) bei zwüschen (Verst. B 4b), herwüschen (Tusc. A. 16), müschen (Tusc. 2, A. 30) neben mischen (Tusc. 7, 15) mit dem Partizip vndergemüßt (Aug. 3b), dem das auch L 7 geschriebene, nicht mit Distel A. 33 für verderbt zu erklärende ingemust zur Seite zu stellen ist. Für ie tritt ü ein in den Verbalformen zücht (Aug. 33, Verst. A. 3), auch züicht (Tusc. 19) geschrieben, züch (Aug. 38b, Verst. C 2b) oder züg (1514), entbünt oder embüt (1501; Miss. 177, 12); gebürt (Miss. 178, 47), beschlüß (Miss. 178, 27; Verst C 3), womit verlurt (D 11, 11) zu vergleichen ist. Neben ü findet sich hier auch eu, nicht nur in den heute noch nicht vergessenen Formen fleußt (Aug. 14) und beut (auch De, Le), sondern auch in zeuch (Aug. A b) und anzeucht (Aug. 9). So giebt es auch für dry (Aug. 10 b) oder drei (Aug. 10) die Formen drii (Miss. 177, 24, Verst. A 2b), drüw (Tusc. A. 15; Miss. 178, 10), dreu (Aug. 13, Verst. A 3). Auch u für ie (Weinhold, Al. Gr. 326) in geluben (1512 dreimal) und u für i in wurd(t), das sich auch D 26 als wurt findet (vgl. sunne = Sinne Le), sei hier erwähnt.

---

[1]. anzougen ist wohl nur ein Versehen.

[2]. Tusc., Aug., Verst. bieten fast nur =nus (=nuß), =nis findet sich gelegentlich im Miss. (177, 45; 178, 33; 179, 16) und im jüngsten Briefe (1521).

Der vertieften Aussprache heller Vokale steht unter einem gewissen Gegendrucke die **helle Aussprache** dunkler Vokale gegenüber. Da diese lautliche Erscheinung ja dem Md. in noch höherem Grade eigen ist, so werden sich hier LD mehr im Einklange mit den übrigen Schriften finden. So ist e für ö teils von altersher geblieben, teils als Eigentümlichkeit der schwäbischen Mundart, die ursprünglich keine ö kannte (Weinhold, Al. Gr. § 16, Kauffmann, § 84, S. 78), eingetreten. In Übereinstimmung mit den übrigen Schriften haben LD: ergetzlichkeit (Le), helle (La, a), gewent (D 23), außleßen (D 11), zurstert (L 10); Aug. schreibt auch schwern (33 b), gederret (11), beßem (5) u. a. Noch konsequenter als Reuchlin selbst hält der Schreiber von LD das alte i fest (Franke S. 17) in wirde und Anh. (Le, c, 6, 7; De), während Reuchlin hier auch ü setzt (Tusc. 3, 17); dafür lesen wir die nach schwäbischer Art (Kauffmann S. 82) geschriebenen Worte sind(t) Aug. 19 b, 19 b und biffel Aug. 11 b. Von den alten mhd. Schreibungen liegen, betriegen abgesehen, finden wir auch das schwäbische (Kauffmann, § 98 A. 2, S. 102) gemiet (Verst. A 2 b). Zweifelhaft muſs es erscheinen, ob nicht die von Reuchlin selbst nicht gebrauchten, im Schwäbischen aber reichlich vorkommenden (Weinhold, Al. Gr. § 94 a. E., § 99 a. E.; Kauffmann S. 81) Schreibungen gleyben (f. glöuben = glauben) D 23 und gedaicht L 8 auf Rechnung des md. Schreibers zu setzen sind.

Auch die **Verengung der Diphthonge** ist an sich dem Schwäbischen (Kauffmann S. 95) so wenig fremd, wie dem Md. (Franke S. 43); doch finden sich Formen wie menung (D 1), menen (D 26), eininiger (D 4) nie sonst bei Reuchlin. Andrerseits hat er bom (Tusc. A. 16; Aug. 10, 38 b; Verst. B 2b, B 2b) und gelegentlich och (Tusc. 5, 16), sowie ö statt eu (öu) in schwäbischer Weise (Kauffmann S. 96) bei fröd (1519 S. 317), fröwen (Verst. C 3), verlögnet (Tusc. 20), gelögnet (Verst. C 5) oder mit vorausgehender Verdumpfung von ei zu öu: anzögen (Tusc. 3; 1501).

Von schwäbischen Einzelheiten findet sich der Antritt des e in der 1. und 3. pers. pract. der starken Verben (Weinhold, Al. Gr. S. 342) Aug. 10b in ſahe und ebenso Da 3 vernamc, Da 3 thete. Hingegen lesen wir D 9, 27 bedurffen, während Reuchlin selbst nur das schwäbische bedörffen (Weinhold, Al. Gr. S. 400) schreibt (Tusc. 16; Miss. 179, 18, 27; Aug. 15; Verst. C 2, C 3; 1513 S. 208); das Präfix vn, wie es LD konsequent lautet, erscheint bei Reuchlin selbst auch als on in on vnderlaſſne (Tusc. 22), onwiderſprechenlich (Miss. 177, 25), onbefleckt (Aug. 16 b), ongenerlich (Aug. 20 b). Für die bei Reuchlin üblichen alemannischen Verbalformen (Weinhold, Al. Gr. § 385) wiſſſten (Aug. 12 b) und gewiſſt (Aug. 9, 35, 35 b, 41 b; 1513 S. 208; 1521 S. 406) fehlen in LD die Parallelen. Andrerseits treten auch in LD als den ältesten Schriften, vereinzelte schwäbische Formen auf, die sich sonst nicht mehr finden, z. B. ſtain (s. o. S. XXVI A. 1), leichtſeiger D 28 (den Diphthong in der Endung belegt Kauffmann S. 295 aus dem Jahre 1478),[1]) wienig (Weinhold, Al. Gr. § 64) De, das freilich möglicherweise nur durch Dittographie aus dem voraufgehenden wie entstanden ist, sowie die auch sonst im Schwäbischen belegten (Weinhold, Al. Gr. S. 351) Formen für „sind": ſein (L 6, De) und ſeint (D 23, 23)[2]).

Ist nun der schwäbische Vokalismus in LD bis zu einem guten Grade geschwunden, so treten hier andrerseits Vokalveränderungen auf, die vor allem dem Md. eigen sind und daher bei Reuchlin selbst sich nie finden. So ist die Verschiebung des o nach a dem Schwäbischen[3]) meist fremd (Weinhold, Al. Gr. § 79), zeigt sich aber im Md.; daher heiſst es LD regelmäſsig aber oder abir (nur D 13 ober, L

---

[1]) meyne[r] D 9 = mhd. *minner* ist vielleicht nur ein Schreibversehen.

[2]) Nur in einem Citat liest man auch Aug. 6 wir ſein.

[3]) Aus dem Elsässischen belegt Weinhold (Al. Gr. §. 112) ſalt, dach, bennacht u. s. w.

6 obir) und ab (D 11, 27 ob), bisweilen wal(?) (D 18)
oder wale (?) (D 5, 18), bach (L 10, Da 1), nach,
benacht (De, 14, 16), ·aben (De), aber (D 8); auch die
älteren gemeindeutschen Formen (Franke S. 45) ſal
(L 5, D 20) und ſalt (L 8) finden sich nur hier.[1]
Ebenso sind die verdumpften Formen (Franke S. 50)
noch (L 7, D 11, 16, 21), nochbem (D 13), barnoch
(L 9, Da 2; regelmäfsig ist hernach D 8, 27, 28),
loſſen und Anh. (L 5, 8; D 12; s. o. S. XXVIII), moch
(L 8) auf unsre Texte beschränkt. Nie finden sich
ferner bei Reuchlin Formen (Franke S. 36 ff.), wie
wibber (D 22), obir (L 6) und abir (D 5, 5, 25),
fyngem (Da 2), oder gar heyliß (D 11), nichtiß (D 14),
geſchlicht (Da 1). Rein md. (Franke S. 48) ist auch
die Verwendung von vor statt ver in einem Viertel
aller in Betracht kommenden Fälle (vorurtaylt L 7,
vorzert L 9, vorzyhen L 9, vormut L 10, vorſtan De,
vornemmen D 1, vorachten D 9, vorboten D 22, vor=
luſt D 28, vorwarloſern D 16). Für Reuchlin kann
diese Vertauschung um so weniger in Frage kommen,
als er statt vor nach alter Weise in der Regel[2] fur
braucht (Grimm, Gramm. II S. 719 ff.), eine Eigentümlichkeit, die auch LD noch etwa in der Hälfte
aller Fälle aufweisen. Auch die umgekehrte Schreibung
von ver statt vor ist eine nur unsren Texten eigene
md. Besonderheit (Richard Neubauer, Martin Luther,
Halle a. S. 1891, S. 251); wir lesen hier vergenomen
(De 13), vername (Da 3), sogar vertzeiten (Da 1)

---

[1] Zweifelhaft mufs das a in Worten erscheinen, die
sonst nicht a haben, auch wenn die handschriftlichen Spuren
darauf hinweisen, da ja a und o, e und o u. a. oft nur wenig
von einander verschieden sind. Dahin gehört hoch in hoch=
geborn (De) und hohen (D 11) und wollen (D 16, 19, 24, L 8).

[2] Vgl. z. B. vornemmen Aug. 17, vorgeſetzt Verſt. A 3b.
— Die Vorliebe für vor in unseren Texten zeigt sich auch
in dem fast konsequenten Gebrauch bei den Verben des
Haltens, Achtens u s. w. (auch haben im Sinne von halten
gehört hierher), während Reuchlin selbst in der Regel das
auch im Nhd. übliche für setzt.

und, infolge vorausgehender Vertauschung von vor und für, die Wendungen ver krieges gelt (D 19), verwar (D 19). Unter md. Einfluſs steht auch die Wahl des o(ö) statt u(ü) (Franke S. 49 ff.). Denn wir finden nicht nur, wie sonst bei Reuchlin, die ältere gemeindeutsche Form forcht (De 7) und, da die Umlautsbezeichnung fehlt, forchten und Anh. (L 8; Da 2, 10, 15, 17), sondern auch konſtreich (De) neben kunſtlich, geborn (Le, D 1) neben geburn (L 8; D 24; vgl. Aug. 32 b gebüren), norr (D 27) neben nur (De).[1]

Eigentümlich ist schlieſslich nur unsern Texten (vgl. Aug. 33 b regiment) das konsequent gesetzte e in Fremdwörtern wie regement (L 8, 8; D 5), regeren (L 6), regerung (D 28), auf reine Nachlässigkeit der md. Aussprache geht wohl nur die Schreibung veleicht (L 8) zurück.

Auch im Gebrauche der Konsonanten bietet Reuchlin selbst manches Altertümliche oder spezifisch Schwäbische, und auch auf diesem Gebiete fehlt es in LD nicht an deutlichen Abweichungen.

Zunächst zeigen sich in dem Verhältnis der Media zur Tenuis noch auffallende Verschiedenheiten vom nhd. Brauche. So findet sich im Anschluſs an das Mhd. nach schwäbischer Weise (Kauffmann S. 176) b im Anlaute besonders einiger Fremdwörter (bapſt oft, bappier Aug. A b, gebrüſſt Verst. B 2, blundern Aug. 34 b, 34 b, bracht Aug. 35 b, embören 1519 S. 317), sowie in haubt (z. B. Aug. 2 b) oder (D 15) heubt. Umgekehrt tritt p auf im Anlaut bei gepracht (Tusc. oft, Aug. 40), geporen u. Anh. (1501 u. Tusc. oft), augenplicklich Aug. (33 b), Formen, denen LD (auſser entpeut De neben erbeut Le) nichts an die Seite stellen, sowie in Verbalformen nach Ausstoſsung des Flexionsvokals (Weinhold, Al. Gr. S. 116), z. B. in gelept, gelopt, geliept, erloupt, verderpt, blypt u. s. w.,

---

[1] Vgl. Lexer, Mhd. Hdwb. III, 800.

besonders in gehapt,[1] das sich fast allein von diesen
Formen (L. 9, aufhept) in LD findet.

b setzt Reuchlin gelegentlich bei dapffer (Tusc. 2;
Aug. 17 b); boll (Tusc. 12) und vor allem bei gebar (s. u.
S. LV); Schwanken zeigt sich besonders bei dem häufigen
verbilden (Aug. 5, 5, 5, 6 b, 10, 37 b) neben vertilden
Aug. 2, 5; Verst. A 4, C; Def. M 2) und bei deufel
(Aug. 3 b, 5 b) neben teufel (Aug. 5 b), tüfel (Aug. 41,
41), tüwfel (Aug. 33 b, 37, 41 oft). Aus unsern Texten
ist nur die Form gelyeben (L. 7) ohne grammatischen
Wechsel hervorzuheben, sowie die mhd. Erweichung des
t zu b nach n, l, r, die aufser in vnder, hinder, hinden,
werder auch in den mit t gebildeten Formen von
können auftritt, die in D (2, 2) gelegentlich auch mit
bt geschrieben werden. Umgekehrt ist mhd. t noch
erhalten in tichten (so auch De, e 2) und wirt (nur
D 18 wirb), unechtes t findet sich von teutjch abgesehen fast regelmäfsig in truden (sehr oft; Miss. 177, 8
gebrudt), tringen, trengen, trang (Tusc. 14; Aug., Verst.
oft). Zu diesen beiden Wortstämmen (vgl. vnder=
trudens D 5; tranng D 7, 27; furtringen D 14) ge-
sellt sich (vgl. Weinhold, Mhd. Gr. § 169) in LD noch
vorterben (D 25; verderben Aug. 12) und trawen
(Dräuen D 3), sowie mit inlautendem t etel (Le, 8)
und erterich (L 8).

Gegenüber der konsequenten Schreibung von
Griechland (Tusc. 3, 4, 4) und griechesch (s. o. S. XXV)
in allen andern, freilich jüngern, Schriften Reuchlins
nehmen sich die f(c)-formen unserer Texte in ihrer
Buntscheckigkeit (frichen De: crichen Da 1, e 2;
friechenlandt Da 1. — friechesch Le; frichijch De, e, o,
L 6: crichijch De, e; friechjch De 2, frichjch La, frichjjch
Le; frijch L 7, subscr.) wunderlich genug aus; auch
sie stammen wohl vom md. Abschreiber (Franke, S. 80),
ebenso wie fygem (Da 2) neben häufigem gegen und

---

[1] Nur Aug. 3 b, 10, 41: 1512 steht gehabt. — gehapt
L 7; Da 1, 10, 11; gehabt L 9; D 6.

ſhein neben gein.¹) Wohl aber haben bei Reuchlin die Tenuis nach Liquida in der Schreibung ck (Weinhold, Al. Gr. S. 176) die Worte burckſriben (Aug. 5), junck und Auh. (Miss. 177, 12) und besonders vertilcken oder verbilcken (Aug. oft). LD bieten aufser junck (L 8) auch binck (D 11) neben bing und bingk (s. u. S. XLVI) zu rincke (Da 1), sowie ſtritick (L 5), erwackt (L 9), hertz(ock)flichen, Schreibungen, die, wenn sie auch später von Reuchlin gemieden wurden, doch wohl von ihm stammen, da sie aus dem Schwäbischen sich reichlich belegen lassen (Kauffmann, S. 249). Umgekehrt erscheint g in Worten, wo es ebenfalls im Schwäbischen gut belegt ist (Weinhold, Al. Gr. S. 181), von Reuchlin aber sonst nicht gesetzt wird: merglich (L 10; D 1, 3) neben mercklich (L 7; vgl. Aug. 7, margitein L 9), bang (D 11), ſeglich²) (D 14) neben ſecklich (D 24; vgl. ſeck Aug. 6b, 7), clages(?) (Do statt flackes).

Nach mhd. Auslautsgesetz bietet Reuchlin die Tenuis p und t³) zwar in der Regel nicht am Ende des Wortes,⁴) wohl aber vor der Endung lich in leiplich (lyplich), glouplich (glauplich); grüntlich (gruntlich), freuntlich, müntlich, entlich, ſchantlich u. s. w. Diesem Brauche entsprechend haben unsere Texte nur einmal (L 10) ſchantlich und gerade im Widerspruch dazu lop wirbig (De). Hingegen bieten sie, die ja auch die ältesten Schriften Reuchlins sind, die Tenuis t auch sonst im weiteren Umfange als alle andern Werke (vgl. tugent Tusc. 2, 3; ingent Aug. 17 oft, niemant s. u. S. XXXIX), z. B. in ſelt, entſchaft, hant, golt, gelt, lant, ſchult, beiſtant, leit, geſunt, auch in den Participien nachgent (D 11) und werent (D 14), sowie den Formen

---

¹) Vgl. auch die Formen ghen L 8, gen Tusc. 3.
²) Aus dem Schwäbischen von Kauffmann, S. 248, belegt.
³) Über die wenigen Fälle von d im Auslaute s. o.
⁴) Vgl. lob Tusc. 4, A. 12, loub Tusc. 10, auch löblich oder loblich findet sich oft; lyb Tusc oft, 1521, S. 407; lieb Tusc. 4, Aug. A. u. s. w.

freiſtent (De), wurt (D 26) und dem in D häufigen
ſint, das sonst nur noch in den Tusc. begegnet.

Auch hinsichtlich der Konsonantenver=
schärfung scheiden sich gelegentlich LD von den
andern Schriften. So hat Reuchlin die bereits im
14. Jahrh. im Alemannischen durchgedrungene (Weinhold, Al. Gr. S. 155) Verschärfung des mhd. ſ zu
ſch im Anlaut von Konsonanten durchgängig; auf den
Abschreiber ist also wohl die überraschende Erscheinung
zurückzuführen, dafs fast nach niederdeutscher Art
(Franke S. 76) sich noch gelegentlich ſl (ſlagen und
Anh. D 6, L 7), sowie durchgängig ſm (ſmertzen D 26,
ſmacht D 27, geſmeylert D 22) und ſw (ſwer De, 15,
23, ſwebiſch Le, De 2, geſweige D 13) findet.[1]
Im Auslaute hingegen setzt Reuchlin nach schwäbischer
Weise (Kauffmann S. 195) nicht selten ſt statt ſcht in
getütſt oder geteutſt (Aug. oft), gewünſt (Aug. 6, 39, 39;
Verst. B 3b) neben gewünſchet (Aug. 12), wünſten
(Aug. 6b), getolmetſt (1512 S. 177), erhaiſt (Verst. B.),
erliſt (Aug. A 4b), gemüßt und Anh. (Aug. 3b, 37;
Verst. B 3b, B 3b). Davon finden sich auch Spuren
in unseren Texten: ingemuſt (L 7; s. o. S. XXIX),
sowie der Infinitiv außleßen (D 11; vgl. Verst. B. 3b).
Umgekehrt setzt Reuchlin nur selten ſcht u. s. w. statt
ſt u. a., so sehr diese lautliche Erscheinung auch als
schwäbisch gilt (Weinhold, Al. Gr. S. 161): ander=
ſchwahin (Aug. 41 b); heiſcht La, De (Distel S. 5 A. 3)
neben haißt (Aug. 11). — Auch die Verschärfung ch
statt h im Auslaute tritt den ober- und mitteldeutschen
Dialekten entsprechend (Kauffmann, S. 206) bei Reuchlin
regelmäfsig auf in Formen wie ſich, ſichſt, ſicht; geſchicht,
geſchech, geſchach; geſchmecht; zeicht (Aug. 38b); zeuch
(Aug. A b) und züch (Aug. 38b; züg 1514); vergicht
(Aug. 8) und besonders in dem vom noch mhd. lauten-
den beuelhen(n) (auch Le) gebildeten beuilch (1521

---

[1] Siehe über das Eintreten älterer deutscher Gram-
matiker für die alte Schreibung Carl Müller, Ölinger S. 49.

S. 408) und beuelch (Aug. A b, A 2, 1, 2, 13, 37; Def. A; 1512 S. 177, 180); gelegentlich auch im Inlaute, z. B. in geschechc (Tusc. 18). Unsere Texte bieten dafür keine Beispiele aufser dem auch sonst vorkommenden (Tusc. 10, 19; Aug. 7b, 10, 40b), von Distel (A. 8) falsch erklärten garnach (beinahe L 6, De).

Aufserdem sind wegen mhd. oder schwäbischer Konsonantenverhältnisse folgende Erscheinungen hervorzuheben. Aus LD wie aus den andern Schriften Reuchlins lassen sich belegen: der mhd. Gebrauch des ph in entphan (D 2) und gelimpfhingern (D 9); ferner schlahen (Tusc. 4, 22; Aug. A 4b) und sahen (Tusc. 13; Miss. 178, 22; Aug. oft, Verst. A 2; 1519 S. 318: Da 3, 14) mit der Zusammenziehung entphan (D 2) und den Formen sacht (Aug. 16b) und schlecht (Miss. 178, 24). Nicht in unseren Texten zu finden ist altes pf in harpf (Tusc. A. 7) und scharpf(f) und Anh. (Tusc. 5, 15, 18; Aug. 39: D 28 scherffer); dehain (selten dhain: Aug. 4), das sich neben fain merkwürdiger Weise nur im Aug. (4b, 17, 18b, 40, 40) und Verst. (B, C 3b), sowie in den ungefähr gleichzeitigen Briefen aus den Jahren 1512 und 1514 findet; die auch im Mhd. vorkommende Scheidung zwischen ainich (Tusc. 2, 6; Aug. A, A 3b, 5, 11b, 19b, 37; Verst. A 4, B 3b; 1512 S. 177; 1519 S. 317) oder einich (Miss. 177, 22; 178, 22) und aynig (= einzig Tusc. 12, 21);[1] die eigenartige Schreibung des 15. Jahrhunderts (Kauffmann S. 205) senhen (Verst. B 4, C 3, C 4, C 5, C 5, C 5; 1513, 1514) oder senhn (1521 S. 408), geschenhen (1512 oft, 1521 S. 407) oder geschenhn (1521 S. 407, 408), während D davon abweichend gescheenn bietet (De 2, 15); der konsequente[2] Gebrauch des auch von Luther noch unter Einflufs der kaiserlichen Kanzlei geschriebenen (Franke S. 82) nit (nitt steht Miss. 177, 30, 34; 178, 47; Aug. 14, 34), wofür

---

[1] Vgl. auch D 4 ein eniger = alleiniger.
[2] Nur Aug. 12 habe ich nicht gedruckt finden können.

wenigstens D(e, 2, 23), wenn auch nicht L¹) auch
nicht einsetzen. — Andrerseits scheint gerade nur in
unseren Texten h in mhd. Weise gesetzt zu sein in
nehſt mall (De) und am nehſt (Da 1).

Als mitteldeutsche Erscheinungen hingegen
stellen sich heraus: die Verwendung von b statt w
(Distel S. 5, A. 1), die, wenn sie auch sonst dem Schwäbischen nicht fremd ist (Kauffmann S. 175 f.), doch
nirgends sonst bei Reuchlin wiederkehrt, in gebeſen
(L. 9, Da 2), gebunnen (D 10), buchs (D 27), vber=
bunden (L 6), gebunſchet (L 7), bann (L 5), beß (L 5);
die in D (nur La liest man yßo) in der Mehrzahl
der Fälle gewählten md. Formen (Franke S. 40 f.) itzt,
itzo, itzunt, itzen, itzlich und sogar iglich (D 20), denen
bei Reuchlin selbst sonst nur die Schreibungen mit
konsonantischem Anlaut (ye, je, ie) gegenüberstehen;
die auch bei Luther vorkommende (Franke S. 78) md.
Verwendung von g in der Bildungssilbe lich (leichtleiger
D 28); die Formen machſtu (L 9) und moch (mag
L 8).

Von besonderer Bedeutung für die sich bildende
nhd. Schriftsprache sind gewisse konsonantische Er-
weiterungen, die nur zum Teil in das Nhd. über-
gegangen sind, sowie Kürzungen, bez. im Verhältnis
zum Nhd. kürzere ursprüngliche Bildungen.

Gemeinsam ist unseren Texten mit den anderen
reuchlinschen Schriften der durch alle Quellen des 14.
und 15. Jahrh. belegte Antritt von b an m (Weinhold,
Al. Gr. S. 120 f.) in vmb, vmbſunſt, — thumb u. s. w.
und die dem Gebrauche der kaiserlichen wie der kur-
sächsischen Kanzlei entsprechende Einschiebung von
p ²) vor flexivem t (Weinhold, Al. Gr. S. 116) in kompt,
nimpt, geziınpt: LD zeigen aber auch hierin geringere
Konsequenz. So lesen wir L 7 jurſtenthum, ferner

---

¹) Distel hat 10 a. E. fälschlich nicht gegeben.
²) Aug. 7 ist tumbt gedruckt.

kumpt (D 11, 15), vnuerſchampt (L 10), gerumpt (L 6), aber neben verrumpt (L 6) hochuerrumt (Le), neben gezimpt (De, L 9) zimt (D 8). In den Tusc. und in den Briefen heiſst es nach md. Weise ausschlieſslich niman, nur die Drucke haben, wenn auch selten, schon die jüngere Form niemant (Aug. A 3 b, A 5, 5 b, 15 b, 18), daneben vereinzelt niemantz (Aug. A 5 b), eine Form, der das fast ausschlieſslich vorkommende yemantz entspricht (Aug. A 4 b, A 4 b, 14 b, 31, 34 b, 34 b; Verst. B 2, C 5 b; yeman Verst. A 3 b). LD bieten nur Formen mit t=laut: nyemant (Le, D 9, 9), nyemabt (D 12). Schwanken herrscht beim Antritt von t, besonders bei der Bildung gewisser Adverbien. Überall heiſst es gleichmäſsig dennocht oder ähnlich (s. o. S. XXXII), anderſt (Aug. 40, 40), üwerthalb oder =wegen (1512 S. 179; 1512 S. 178), allenthalben (Aug. 10 b) oder allenthalb (Aug. 5). Wechsel läſst sich belegen bei viſſerthalb (Aug. A 5 b, 19, 20; Verst B 2, B 4)[1]) und viſſerhalb (Aug. 37 b; 1521 S. 407), wiſſentlich (Aug. tit. b, 17, 35 b, 37, Verst. C 3 u. s. w.) und vnwiſſentlich (Aug. 2 b), aigentlich (Aug. A b, 4, 35 b) sowie aigenntſchafft (Aug. 13) und aigenſchafft (Aug. 13 b). Das t scheint immer zu fehlen bei weſenlich (Miss. 178, 10), anderhalb (Aug. 3, 8), eins (D 18), regelmäſsig bei offenlich (Aug. A 4 b, 5, 5 b; Verst. A b, B 2, B 3 u. s. w.; 1514), wofür gerade D 26 und L 7 offentlich zu lesen ist. Nur D hat die allerjüngste Form ſelbſt (7, 8, 9, 9, 28) oder ſelbeſt (D 5) neben ſelbs (L 9), ſelbes (D 7) oder ſelber (L 6, 7, D 2, 9, 15), während Reuchlin sonst neben ſelber (1501; Miss. 178, 34; Aug. 10, 11 b, 19 b, 33, 33 b, 40 b, Verst. C 2 b) nur ſelbs (Tusc. 1, 6, 21, Miss., Aug., Verst. oft) oder ſellbs (Aug. 40 b; Verst. A 2, C 3) setzt[2]). Reuchlin eigentümlich ist das eingeschobene b beim Infinitiv fünben, der sich aus unseren Texten nicht belegen läſst.

---

[1]) S. auch vierhalb Aug. 12 b.
[2]) Nur Aug. 2 habe ich da ſelbſt gefunden.

Von Einzelheiten finden sich dem Mhd. entsprechende Substantivformen wie zulauffſt D 21 (Franke, S. 128), leuffſt D 15 (Lexer, Mhd. Wb. I, S. 1968); ſmacht (D 27), sowie das Adverb da heyment (D 1, [18]) und mit eingeschobenem t (Weinhold, Al. Gr. S. 138) crnſtlich D 1). — Auch bei Adverbien, die durch teils auf den Genetiv zurückgehendes, teils unorganisches s gebildet sind, ist dies s unsicher. Gleichmäfsig findet sich ſtrackſ (Aug. 2, 37: Le); ſchlechts (Aug. 2, 37, 41: D 23); aufserdem ierlichs (Aug. 10b, 15), plends (Aug. A 2), vormals (D 8, 10) und yetz(itz)mals (D 10, 21). Neben merertails (Tusc. 1) kommt merertail (Aug. 2) vor, neben teglichs (Miss. 179, 2; Aug. 6b) teglich (D 14). Gleichmäfsig fehlt s bei beſonder (beſunder) (Tusc. 13; Aug. 13b; 1512 S. 176: L 6, 9), in(n) gemain (gemeyn) (Verst. B 4b: Da 2, L 7). — Schwäbisch ist das Auftreten des n in gewissen Bildungssilben (Weinhold, Al. Gr. S. 170) besonders vor der Endung lich (S. 267). So schreibt auch Reuchlin unverbrochenlich (1519 S. 317), unnerzogenlich (Verst. A b), erſchrockenlich (Verst. C 5b), (für)treffenlich (Tusc. 2, Aug. A b, 7), vntaugenlich (Aug. 6b), vnleidenlich (Aug. A, 14b, 41), onwiderſprechenlich (Miss. 177, 25), criſtenlich (Miss. 179, 21; Aug. oft), sowie vollenbracht (1512 S. 176; Aug. A 3b). Davon haben LD nichts, wohl aber finden sich aufser gnung (L 9) in den spätern Schriften nicht anzutreffende Formen wie gelimpfingern (D 9), abfertingen (D 2), ferner fornig (D 9), allermeinſten (D 21, L 6), rednen (Do; vgl. Benecke, Mhd. Wb. II, 1, 607a). Bei den Adverbbildungen zeigt sich auch hier grofses Schwanken. Regelmäfsig heifst es meinenthalb (Aug. 32b), ſeinentwegenn (Verst. C 5b), irentwegen (Aug. 40): vnſerntwegen D 7; neben deſſelben halben (L 8) steht deßhalben (Da 3); aufserdem findet sich vilmaln (L 8), zuletzſten (L 8). Stets schreibt Reuchlin selbst ſonder (nur L 7 hat Distel ſundern (?) ergänzt); neben ſunſt (Tusc. 6, Aug. u. Verst. oft) oder ſunßt (Verst. C) hat Reuchlin noch oft ſuſt (Tusc. A. 16;

Aug. 36, 38b; 1513 S. 208) oder ſuſſt (Aug. 12b, 15b,
36; 1512 S. 176; 1513 S. 208; 1514, 1519 S. 316, 1521
S. 407, 408); ebenso steht De ſuſt, D 17 vmbſunſt
(vgl. Kauffmann S. 185 f.). — Voller als im Nhd.
heiſst es in den Zusammensetzungen darburch (De),
darbey (D 4), darmit (D 4), darfur (D 5, 16, 23),
dar von (D 7, 22), dar zu (D 24); nur D 28 da durch
scheint r zu fehlen. — Die unorganische Komparativbildung
beſter (beſſter nur 1512 S. 177) begegnet uns Tusc. 6, 8;
Aug. 3b, 3b, 6b, 7, 19; Verst. A 4b. Daneben kommt
das alte beſt vor in den häufigen Wendungen beſt leicht=
licher (Aug. 8b, 38b; Verst. B 4) und beſtminder (Tusc. 7;
Miss. 177, 44; Aug. 2b, 19b; Verst. C 5b; 1519 S. 318;
1521 S. 407) oder deſzminder (1514 S. 155); nur De
und D 17 steht bereits beſta mynder (Diefenbach-
Wülcker, Wörterb. d. mittl. u. neueren Zeit, Sp. 344).
— Statt mitten heiſst es Tusc. 10 mittelu, Aug tit. b
mittel, was wohl auch D 24 zu lesen ist.

Von Konsonantenkürzungen ist besonders
häufig der vor Gutturalen, Dentalen, ſt und ſch übliche
Ausfall (Weinhold, Al. Gr. S. 138) des t von ent, den
Reuchlin häufig aufweist, bei engelten (Aug. 39b, 40),
endecken (Miss. 179, 24), enſtet (1514), enſchuldigen
(Aug. 35), während er in unsern Texten nur selten zu
treffen ist (D 6, 14). Im Anschluſs an diesen Ausfall
des t läſst Reuchlin in weitem Umfange, wie auch
sonst im Schwäbischen geschieht (Weinhold, Al.
Gr. S. 132; Kauffmann S. 182 f.), die Assimilation em
vor b[1]) und emp vor f eintreten. Wir lesen nicht
nur empfangen (nur Verst. A 4b entpfangen) und
empfahen, sowie empfinden, sondern auch in der Regel[2])
embieten (Miss. 177, 12; Aug. 1), emblößen (Tusc. 8),
embern (Aug. 13b); empfallen (Aug. 36), empfüren
(Aug. 3b, 37), empferwen (Aug. 35b); dagegen zeigt D
Vorliebe für ent und en in entpeut (De), entpfangen

---

[1]) Vgl. auch offembar und Anh. Tusc. 18, 22, A. 17.
[2]) entbüwt 1501.

oder entpfhan (De 2) neben empfangen (L 9; Da 2, 27), enpfinden (D 14), Schreibungen, denen der enstellte Eigenname antphipoliten (D 5) an die Seite zu stellen ist. Auch sonst fällt t gelegentlich nach f und Gutturalen, besonders wenn ein f folgt, aus (Weinhold, Al. Gr. S. 138); so in hunderſt (Miss. 177, 32) geſuchs, vngeſuchs (D 4), merck (D 22), notturff (D 27), soweit hier nicht etwa Schreibversehen vorliegen. — s fehlt in der Verbalform willt (Tusc. 13, 13, 16; wiltu Tusc. 9). das auch L. 10, 10 zu lesen ist. — Nicht selten zeigen unsre Texte Ausfall des n in Formen, die sehr wohl auf Reuchlin zurückgehen können (Weinhold, Al. Gr. S. 168), wenn sie auch später von ihm gemieden werden. So liefs er vielleicht zu nyemabt (D 12), ſudern (D 21), vernuſſt (L 8), vernuſſtiglich (D 16); ſie habt (D 5), hat ir (D 19); die Infinitive (Weinhold, Al. Gr. §. 370) ertzele (D 9), rede (D 16), ſteuer (D 28), soweit nicht auch hier, was sehr leicht möglich, in einem oder anderm Falle, das Abkürzungszeichen für n weggeblieben ist. — Eigentümlich ist Reuchlin auch die gekürzte Doppelendung lichait, die wohl auf lichhait zurückgeht,[1]) nicht auf die Form mit t, z. B. in geſchicklichait (Tusc. 6), ſymlichait (1501), ergetzlichait (1501), billicheit (1514), haimlichait (Aug. 1b, 9, 11, 11b). Von diesem Gebrauche abweichend steht Le: ergetzlichkait. — Auch das Fehlen des l in asbalt neben alsbald (D 13) ist möglicherweise nicht auf ein blofses Schreibversehen (Weinhold, Al. Gr. S. 163) zurückzuführen. — Eine schwäbische gekürzte Form ist eilde (D 2) statt eilende (Weinhold, Al. Gr. S. 380); im Verhältnis zum Nhd. kürzere Bildungen sind hie (D 6, 20, 27), ſtelen (stählern D 21), nehen (nähern D 2), oberſait (Verst. C 4) oder oberſait (L 9), frömſait (Tusc. 2) oder frummtait (1514); allerwolſprechſten (De 2).

Auch in der Orthographie fehlen die Unter-

---

[1]) S. Weinhold, Al. Gr. S. 256.

schiede zwischen LD und den übrigen Schriften
Reuchlins nicht ganz. Während anlautendes j vor
Vokalen¹) bei Reuchlin, wie im Md. (Franke S. 103),
durch v, im Wortinnern durch u gegeben (Franke
S. 89), also volgen, genolget, vordrung, anuordrung,
beuelch, grauen u. s. w. geschrieben wird, zeigen sich
unsere Texte inkonsequenter, da neben volgen, beuelhen,
vaſt ſich ſog(et) (La) ſorderſten (De 21ᵇ), ſortel (D 7),
ſornig (D 9), ſil (D 20) findet. Auch begegnet gelegentlich statt der üblichen Schreibung von v statt u
im Anlaut (vnd, vnſer, vmb, vß, vn=) dem Nhd. entsprechend u (D 5 uber). Unseren Texten eigen ist
ferner die Setzung von w statt u in zw; neben u tritt
es, wie überall bei Reuchlin, in den Formen auf, wo
es ursprünglich war, wie in bawen (D 22), rnwe
(D 14, 21). — Das weichere mhd. z (Weinhold, Al. Gr.
S. 151) begegnet uns nur noch selten bei Reuchlin
sonst, fast nie in LD,²) in daz (Tusc. 16), auz und
besonders in den graphischen Abkürzungen bz (Aug. 13b,
12b), wz (Aug. 11 b), etwz (Aug. 40). Dem Schwäbischen
nicht fremd (Weinhold, Al. Gr. S. 154) sind auch die
Schreibungen goßleſterung (Miss. 178, 26; 179, 6), ſeltzam
(Aug. 11, 18b, 35b) oder ſelßſam (Aug. 4). — y wird
für i besonders in Diphthongen und zur Bezeichnung
des alten langen i,³) sowie für j (jedoch D 10, habet
L 7, erwackt L 9) gesetzt. Für letzteres findet sich
nur selten i in ieger (Aug. 6b) und iagen (Aug. 6b;
s. Franke S. 105), sowie innger (Aug. 11); über j für
langes i s. o. S. XVIII f. — c ist seit dem 15. Jahrh. im
Schwäbischen (Weinhold, Al. Gr. S. 174 f.), von der
Verwendung in Fremdwörtern abgesehen, vor allem
auf die Verbindungen ct und cr beschränkt. Dem

---

¹) Die Tusc. haben gelegentlich auch vlnß (6, 7);
über diese später für fehlerhaft erklärte Schreibung vgl.
Carl Müller, Ölinger S. 46.
²) S. o. S. XX A. 4.
³) Es findet sich aber auch ſynn Tusc. 1, ſytten Tusc. 2,
mynder Tusc. 3, ſynd Aug. 4, 5: Ytalien L 6, 9; ytaliſch L 10.

schliefst sich Reuchlin im allgemeinen an, nur findet sich besonders häufig auch flain (Tusc. 11, 18; Aug. 4b, 11b, 20; 1513, 1519), LD flayn(n) (Le, De) oder fleyn (klein) (Le, 8; D 12, 15) geschrieben.[1])

Auch in der Verwendung der Doppelkonsonanz zeigen unsere Texte gelegentlich Verschiedenheiten von den sonstigen Schriften Reuchlins. ff ist seit Maximilian im In- und Auslaut die Regel (Franke S. 100). Auch Reuchlin setzt es meist nach kurzen wie nach langen Vokalen in dürffen, greiffen, rauffen, straffen, lauffen, kauffen, graff, vernunfft, schrifft, offt, =schafft u.s.w. Von den Ausnahmen scheinen manche zufällig zu sein, andere wie zwyfel (zweifel) und Anh. und teufel (s. o. S. XXXIV) ständig wiederzukehren. Auch hier sind LD inkonsequent; hier findet sich vor allem häufig schaft (D 7, 15, 19, 24), aufserdem hulflichs (D 1), notturft (D 3, 21), vorlaufs (De), gelimphingern (D 9), auf (s. o. S. XX). — Die den Kanzleien des nordöstlichen Thüringens eigene (Franke S. 87) Verdoppelung in widder kennt Reuchlin selbst nicht, wohl aber ist diese Schreibung in LD die üblichere. — tt setzt Reuchlin im Inlaut nach Kürzen wie nach Längen, besonders häufig in zeitten (zytten), gutter, verbotten, leutte u. s. w.; ähnlich heifst es vatter und Anh. Da 2, e 2, 5, 28; thette D 21; muttig De. Er schreibt es aber auch im Auslaute bei zytt, wytt, statt, mutt, tatt, gebott, auch in stätt (steht Tusc. 2), hatt (Miss. oft), mitt (1519 oft), während LD im Auslaute bt bevorzugen. — Die häfslichen Doppelungen in demm, amm, imm, itemm, die Reuchlin erst in den Briefen von 1512 und 1513 bringt, schwinden bald wieder bis auf geringe Spuren (z. B. Verst. B imm) und fehlen noch ganz in LD. In späteren Drucken ist nemmen häufig, LD haben meist einfachen Konsonanten (D 1 nemmen). — Die Briefe lassen erkennen, dafs die mifsbräuchliche Häufung des n am Ende und im Innern

---

[1]) Über trichisch s. o. S. XXXIV.

des Wortes, besonders bei vnnd, vnns, vnnſer u. s. w., erst allmählich überhand nahm. 1501 tritt nn in der Regel auf bei vnnd und inn, auch wird es schon häufig am Ende der Nomina und Verbalformen (besonders bei Infin. und Partic.) geschrieben. 1512 ist vonn und ann hinzugekommen; aufserdem steht jetzt nn auch im Innern der Wörter (frünndt, hanndt, finnden, gienng, lanngge, funnſt, verſtannden u. s. w.), 1514 wird von wieder mit einfachem Konsonanten geschrieben, 1519 erscheint nn weniger häufig beim Nomen und Verbum, 1521 ist die Doppelung auch in vnd fast ganz geschwunden, nur inn bewahrt durchgängig die Doppelkonsonanz. Diese Beobachtungen stimmen gut zu der Erscheinung, dafs auch in den Lutherschen Schriften von 1523 ab die Konsonantenhäufungen schwinden (Franke S. 99). Mit dieser Entwicklung des Brauches, wie ihn die Briefe zeigen, befinden sich die Druckschriften, von den nach dieser Richtung ungenau herausgegebenen (Hartfelder S. 13) Tusc. abgesehen, im Einklange. Das Miss. hat nn gelegentlich in den Worten dann, inn, vnnd, und zwar eigentümlicher Weise nur am Anfange und am Ende der Schrift, aufserdem nur wenige Spuren des schwerfälligen Brauches (hernn 179, 2, 15; lanng 179, 8; habenn 177, 20; derſelbigenn 177, 38; vnnſerm 179, 25), Aug. und Verst. zeigen ihn in üppigster Blüte. Wenn aber bereits LD massenhaftes nn bieten, auch in Wortformen, wie hann (D 15), gann (D 15), wo es Reuchlin sonst nicht liebt, so ist das ein Zeichen dafür, dafs die md. Kanzlei des Abschreibers in diesem Punkte der süddeutschen Reuchlins im Jahre 1495 schon voraus war. — Die Briefe von 1512 ab zeigen Reuchlins Vorliebe für ll besonders in der lautlichen Verbindung llt (Franke S. 99) bei allt, wellt, gellt, halltenn u. s. w., sowie bei allſ (vgl. auch hayll 1501; geholllſen 1512 S. 180). Diese Eigentümlichkeit bietet in bescheidenem Umfange auch das Miss. (allſ 177, 22; elltern 177, 30; wellt 179, 23) und etwas reichlicher Aug. und Verst. (vgl.

auch ſellbs Aug. 40b, millch Aug. 41, ſelldt Aug. 9b, zweiſell Aug. 17b u. s. w.).[1]) LD haben nur selten von nhd. Gebrauche abweichend ll in mall (De), ſpillenn (D 18), geſellet (gefehlt D 21), furgewellet (L 8). — Sinnlose Verdoppelung des r wie in gepurrt (1501) findet sich nur selten. — Da ſſ seit Maximilian in der Kanzleisprache sehr verbreitet ist, während ſʒ schwindet (Franke S. 100), so haben die Tusc. und die älteren Briefe (1501 und 1512) nur ſſ, auch nach langen Vokalen und im Auslaute (haiſſen, groſſ, uſſ) und in Worten, die im Nhd. einfachen Konsonanten bieten (vgl. besonders geweſſen, geleſſen). Der Brief von 1513 hat wiederum nur ſʒ, die Schreiben von 1514, 1519 und 1521 wenigstens überwiegend, ebenso die Drucke (Miss., Aug., Verst.), wenn auch hier neben der Doppelkonsonanz einfaches ſ, z. B. oft bei weiſen und Anh., reichlich vorkommt. LD zeigen beide Schreibungen, doch fehlen manche sonst üblichen Doppelungen, z. B. in geweſen, leſen.

Von den orthographischen Verstärkungen ck und gk wird ck besonders hinter den Liquiden ausnahmslos[2]) gesetzt, das seit Maximilian in den Kanzleien übliche gk bieten die Briefe (1512, 1521) und Tusc. (4) nur bei yegklich; Aug. (nicht Verst.) hat gk ausschliefslich, aber in fast konsequenter Weise, vor den Suffixen lich und nus (so auch Miss.). Ganz willkürlich erscheinen dagegen die Schreibungen von LD: bingk (L 6), zeugk (L 8), gezengk (D 8), kriegk (D 15), zwgk (D 17), angeſengk (D 15). — Das besonders dem Auslaut zukommende dt schreibt Reuchlin selbst, abgesehen von den synkopierten Verbal-

---

[1]) Statt lt ist llt sehr beliebt bei Formen wie hollt, ſolt u. s. w.

[2]) Der Text der Tusc., die uns einfaches k bieten, ist offenbar in diesem Punkte vom Herausgeber modernisiert worden.

formen¹) wie geredt, gesendt, findt, meist nur in fündt neben fünd und würdt neben würd, sowie bei fündten (Aug. oft). Weit häufiger erscheint es in D, selten in L, in Worten, wie landt, leudt, feindt, thadt, stundt, radt, behendt, auch bei hadt (D 5, 7) und gadt (D 20). — ß erscheint namentlich in den älteren Schriften Reuchlins (Tusc.) sparsamer gebraucht, als in LD, wo es sogar in griechischen Eigennamen geschrieben wird. — Auch gewisse andere häfsliche aus der Kanzleisprache stammende Konsonantenhäufungen treten besonders in LD hervor. So liest man zßhien (D 12); auß (D 7), diß (La), baß (L 8) (vgl. Aug. 3b fleißßlich), sowie mit einer fast nur auf unsere Texte beschränkten (Tusc. 17 stolßs) Verstärkung von sch und z durch s: romischs (Le), menschs (L 7), teutschs (De, e 2; vielleicht aus teutsches entstanden); aufsaßs (L 9), schaßs (D 19), vor allem in letst (L 8, D 14, 15, 16), wofür Reuchlin sonst die Schreibung letst hat (Tusc. 21; Miss. 178, 23; Aug. 2b, 3, 13, 32b, 37; Verst. A 2b) die auch sonst im Schwäbischen üblich ist (Weinhold, Al. Gr. S. 150; Kauffmann S. 194).

Der Konsonantenhäufung steht eine **Kürzung** im Auslaute und in Konsonantenverbindungen gegenüber, die LD in manchen Fällen sogar noch konsequenter zeigen, als Reuchlin sonst. So schreibt Reuchlin got (gott nur im Miss. häufiger), blat (Aug. oft), bit (Aug. A b, A b), drit (Aug. 3) u. a., selten auch im Inlaut vom Nhd. abweichend t (natern Aug. 8b, schnitern Aug. 12, heten Aug. 19). Ebenso haben LD stets got und Anh., sogar goten (D 10, 11) neben gottes (L 7), ferner bit (D 8, spotso(gel) (La), het (D 7, 9). — r findet sich, von Einzelheiten abgesehen, (warhait Verst. A 4), besonders häufig in her, hern; LD haben oft herre und herr, aber nur hern(n) (Le, e, subscr.;

---

¹) Eine auffällige Ausnahme bildet das so häufig vorkommende gemelt (Tusc. 11; Miss. 179, 7; Aug. oft, auch gemeltt (Aug. 2, 4, 6, 37) oder gemellt (Aug. 38; 1521 geschrieben.

D 1 u. s. w.).[1] — n erscheint besonders bei den Partizipien genant (genent), gefant (gefent), verbrent, bei den Formen fund (fünd), fünden, bei man, wan, dan, danocht und fast regelmäfsig bei fan (fann Tusc. A 16; Aug. 4b). Ebenso steht es mit LD, wo sich auch vom nhd. Standpunkt undeutliche abgekürzte Formen wir erfen (D 2), gewin (D 14) finden. — Die Kürzung von ll in will, soll, sollte, allda u. s. w. haben die Briefe bis auf geringe Spuren (alba 1512, alhie 1514) fast garnicht, die Tusc., von vol und albo abgesehen, nur selten (quelbronnen Tusc. 6, wolt 8, sol A 30), etwas häufiger das Miss. und oft die späteren Drucke. Wenn LD konsequent von soll abgesehen (vgl. La, 5; D 16) wil, wilt, wolt(en), sal, salt, solt(en), alweg, alßt, albo, aldoch, alberet und sogar als (alles L 6, D 18) neben volsuren (D 4, 14) bieten, so hat der md. Schreiber seinen festen Brauch in unsere Texte hineingetragen. — Die Kürzung des ß im Auslaute und vor t, die Reuchlin sonst in gröste (Miss. oft), müst (Verst. A 2) u. s. w. vornimmt, haben auch unsere Texte in gros (D 12), fleis De, 1, 21), weis (D 2, 16, 19). Der Genetiv vorsats (De) läfst sich vergleichen mit des gesaß (Miss. 178, 39). — Schliefslich sei auf die unter anderen Bedingungen erfolgende einfache Schreibung von m hingewiesen bei genomen, fomen, zusamen (Tusc. 22, Aug. oft), versamlet (Aug. 34b öfters), samlungen (Miss. 177, 37), befümernis (1521), die ebenso in unseren Texten wiederkehrt; vgl. z. B. versamelung D 4, be= fümern D 4, fomen und genomen öfters. Im Aug. findet sich auch frumen (A 3b), himeln (10b) u. a.

Was die Bezeichnung der Vokaldehnung an- langt, so findet sich in LD die auf die kaiserliche Kanzlei zurückgehende (Franke S. 14 und 95 ff.) Doppelung ee bezeichnenderweise nie (über geschenn s. o. S. XXXVII), während sie Reuchlin selbst häufig, wenn auch auf

---

[1] Auch in zernet (L 8) liegt vielleicht eine Kürzung der Vorsilbe zer vor (Franke S. 22).

einen kleinen Kreis von Wortstämmen beschränkt (namentlich eere, jeele, jeelig, jeer, meer), eintreten läfst. Andererseits fehlt Dehnungs-e nach i bei Reuchlin noch völlig,[1]) während LD, von Einzelheiten abgesehen (wieje D 5, niedertrechtig D 9), bereits regelmäfsig dieſer und bisweilen (L 6, 7, 9) viel haben. Vielleicht sind in unseren Texten auch Spuren eines Versuches des md. Schreibers vorhanden, durch angefügten i-laut zu dehnen (Wülcker, Germania 28, 1883, S. 202) in ſchaybe (D 4) und geſmeylert (D 22).[2]) Nirgends scheint h als eigentliches Dehnungszeichen so vorzukommen, dafs es auch hinter dem Vokale steht (nur L 9 liest man gethahn), sondern eher zur Verschärfung gewisser Konsonanten dienen zu sollen, hinter denen es sich findet, vor allem von t, gelegentlich auch von f, j, z. Meist wird das Verbum thun und Anh. mit h geschrieben, bisweilen auch die Bildungssilbe thum(b) (Tusc. 19; 1519 S. 318; Aug. 6b, 7), selten rath (1501 S. 407), thor (Tusc. 13), vnderthwylen (Aug. 9) u. a. Aufserdem steht es in den Tusc. und im Aug. bei ihener, derjhen (Tusc. 8, 15, A. 18; Aug. 20b: ihen). LD haben ebenso h beim Verbum thun selbst, nicht, in einiger Übereinstimmung mit den sonstigen Schriften (vgl. z. B. 1501, 1514), bei den nominalen Ableitungen taten (L 9, 9, D 14), vndertenig (L e), vndertanen (L a), aufserdem in furſtenthum (L 7), zehenthauſent (L 8), thor und Anh. (D 23, 26), wolgerathenn (D 9), in Fremdworten, wie thirannen (D 5), parthienn (La), sowie in der von Reuchlin noch nie gebrauchten (s. o. S. XXVI) Form (ver)jthe (D 2, 8). Auch findet sich thein (gegen Da 1), jphein (s. Distel, La) ztzhien (D 12, s. o. S. XLVII). Die Schreibung meher (D 4, 18, 27) und mehe (L 6; D 18) kennt Reuchlin selbst nicht,

---

[1]) dieſer (Tusc. 7) und bier (Tusc. 13) sind vielleicht nur Versehen des Herausgebers, jedenfalls ganz vereinzelte Erscheinungen.

[2]) Zweifelhaft ist wohl zeidje(?) L 7; vgl. zech Tusc. 3, A. 7.

er hat nur die alte mhd. Form mer (selten meer geschrieben Tusc. 5; 1512 S. 318; gemeert Aug. oft) und me (Tusc. 16; s. Hartfelder S. 24 A. a); in den zerdehnten Formen unserer Texte dient das h wohl zur Silbentrennung, wie in ſchreihen (D 2; vgl. geſchrihen Verst. C 3), ſcheuhen (Aug. 17b) ſpaihen (Aug. 40b). Vgl. Neubauer S. 248.

Von den schon bei der Betrachtung der Laute erwähnten Flexionsformen abgesehen, sei noch auf folgende Erscheinungen hingewiesen, in denen gelegentlich Verschiedenheiten zwischen unseren Texten und den übrigen Schriften Reuchlins vorkommen.

Apokope und Synkope werden so häufig angewendet, daſs die Formen ohne auslautendes e beim Nomen wie beim Verbum überwiegen, während es andrerseits nicht an Fällen fehlt, wo das e der Endung gegen den üblichen nhd. Gebrauch erhalten ist. Besonders regelmäſsig tritt die Kürzung auf beim Feminin-e von ein, fain sowie bei dem der Prossessivpronomina (ire nur L 9, Da 3)[1]). Andrerseits zeigen, besonders in L, die Partizipien nicht selten das e erhalten: geglichet, genennet, gebunſchet, gemeret, gemainet, geherrichet, ge= ſchicket. Verschieden vom Nhd. werden Verben, wie verzeichen (Miss. 177, 14) und rechen (D 10) gekürzt. Bei beiden Arten der Kürzung wird gern einfacher Konsonant gesetzt (s. o. S. XLVII f.); so t im Passivpartizip (vgl. D: geacht 2; geſtalt 7, 9, 21; getidt e), in der 3. pers. sing. (geluſt 12; bereit 21) und im Präteritum (forchten Da 2; wart wartete Da 3); n bei ein oder eyn (nur L 7 eynen), fain, ſeyn u. s. w., wie beim Passivpartizip (itzgehaltenn De); ſ im Genitiv diß, wofür unsere Texte zufällig kein Beispiel bieten (Aug. 6, 13, 18, 20b; diſſ und diß Tusc. A. 13, Aug. 7). Dazu gesellen sich Kürzungen wie eym (auch D 21), Zusammenziehungen der Präpositionen mit dem Artikel, wie an tag legen (Tusc. 8; Aug. A 4b, 7, 32b); inn (ün) fallen (D 21); Formen wie ſagſtu (L 8, D 14), meynſtu (D 19), machſtu (L 9),

---

[1]) Vgl. auch die übliche Kürzung unſer statt unſerer; z. B. D 9, 10.

biſtu (L. 10) neben wolteſt du (D 19); leyt (lieget
L 6); Kürzungen der Vorsilbe in gnug (Tusc. 4, 6;
L 9; D 18) und vielleicht auch in bbunckt (D 20);
(Weinhold, Al. Gr. §. 18). Eine auffällige Verschiedenheit
unsrer Texte von den übrigen Schriften zeigt sich in der
Verwendung des unverkürzten ich habe (Le, 6 oft, De), das
Reuchlin sonst überhaupt nie zu schreiben scheint[1]).

Die Deklination bietet in unsern Texten von
älteren Formen die Genetive ſchades (D 2), hertzen
(D 15) (vgl. glaubes Aug. 13, 20, 20, Verst. A 3;
willes Verst. B 3b; fribes 1519 S. 317), den starken
Singular die beger (D 8), den starken apokopierten
Plural nutzung (D 22), die Plurale ohne er, wie die
got (D 10; vgl. gött Aug. 8b) mit dem Dativ goten
(D 10), die geſchlicht (Da 1; vgl. die faß 1512 S. 179);
die schwachen Plurale ſoldnern D 24 (vgl. apoſteln
Aug. 17, maiſtern Aug. 11, büſcheln Aug. 12, tieren
Aug. 9b), die alten Singularformen des Femininums,
wie naturn (D 22), eren (D 5) (vgl. funſten oder
fünſten Aug. 11, 11b, frawen Aug. 10b, ſachen Tusc. 10,
ſeelen Tusc. 18, 19 u. s. w.). Aufserdem findet sich bei
Reuchlin schwach in ainem puncten (Aug. 33b), des rechten
(Aug. A 5b) und im rechten (Aug. 17) neben rechtes (Aug. 9).

Das Adjektiv erscheint mit besonderer Vorliebe
in allen Stellungen ohne Flexionsendung, auch kommen,
wie noch bei Luther (Neubauer S. 231), starke Formen
hinter dem bestimmten Artikel und dem Pronomen
vor; so z. B. in der beider dinge (D 14), ir guldene
ringe (L 6); vgl. die mine (1512 S. 180), die ire (1521
S. 407), ire alte bücher (Verst. B 4), die dreü hinderſte
(Aug. 18b), die gaiſtliche rechte (Verst. A 2b), die=
ſelbigen gemaine wort (Verst. Bb). Die alte schwache
Femininform des Akkusatives zeigt sich in die teutſchen
forme De (vgl. dieſelbigen funſt Tusc. 5, die gantzen
bibel Aug. 9, die hailigenn Schrift Aug. 16); sie scheint

---

[1]) Sehr üblich ist auch in unseren Texten, namentlich für
die 1. pers. sing., die Form han(n), während Reuchlin selbst fast
stets den c-laut bietet; s. S. XXVIII. — habenich steht Le.

sogar in den Nominativ gedrungen zu sein (die obgemelten zeit D 9). Konsequent tritt die schwache Form noch auf in den häufigen Anreden lieben(n) hern(n); unregelmäßiger Weise in den Wendungen ein grosse gunst (D 1), auf rechtenn ban (De). Da die schon seit dem 12. Jahrh. zu beobachtende Nachlässigkeit (Weinhold, Mhd. Gr. 2. Aufl. S. 560) n für m zu setzen sonst bei Reuchlin nicht anzutreffen ist, ist sie in unseren Texten wohl eher dem Abschreiber anzurechnen (von neunwen De, mit jndern fleis D 11, eynen — man furgewellet L 8), wie andere Nachlässigkeiten (meyn getichts De; dem hochgebornne hern De), denen manches auch anderwärts an die Seite zu stellen ist (in ainer tegliche forcht Verst. C).

Von den Superlativformen auf ist (s. o. S. XXV) abgesehen ist das alte am merstenn (D 5) hervorzuheben, dem merertail(s) (Tusc. 1, Aug. 2) entspricht.

Beim Pronomen zeigen LD gewisse Abweichungen vom sonstigen Brauche, die möglicherweise, wie anderes auch, auf ältere Gepflogenheiten Reuchlins zurückgehen. Die sonst ausschliefslich gesetzten alten Genetive myn (Verst. A 2', jin (Tusc. 15; 1512 S. 180, 1513 S. 208), ir (Aug. 12 b, Verst. B, B 4 b, C) sind aus LD nicht zu belegen, da hier die Beispiele für den Genetiv, bis auf das alte es (D 7), fehlen. Die von Reuchlin selbst sonst allein geschriebene Dativform im begegnet in unseren Texten nur selten (Da 2, 18, 21), hier heifst es gewöhnlich ime. Ebenso vereinzelt tritt hier der sonst übliche Akkusativ in auf (geschrieben inn La, D 12); dafür steht gewöhnlich ine (auch inne D 21 geschrieben), das Reuchlin sonst fast nie setzt (Aug. 20', oder das überall gleich seltene inen (D 14: 1512 S. 176; Aug. 5). Die üblichste Form für den Dativ des Plurals ist in allen Schriften inen (auch innen D 26 geschrieben), daneben kommt überall gleich selten die alte kurze Form in (Aug. 11 b) oder inn (1521 S. 407: D 7, 22), sowie ine (1521 S. 407: D 7) vor. Für den Gebrauch des

Personalpronomens ist zu bemerken, dafs überall gelegentlich statt des Reflexivs auch das persönliche Fürwort, häufig unter Zufügung von ſelbſt auftritt (ime De, a 3, 9; ir D 9, inn D 22). — Beim Demonstrativum, bez. Relativum bevorzugen LD noch die alten Genetivformen deſ (Da 1 = deshalb; 2, 10, 23, L oft) und der (De, e, 1, 10, 17) neben dero (De). In den spätern Schriften treffen wir wohl das alte deſ (z. B. 1512 oft), aber nur sehr selten noch der (1513 S. 208), meist setzt Reuchlin dafür dero (Tusc. 9, Aug. 13, 13 b, 15, 20 b; Verst. A 4 b; 1512 S. 176, 178; 1519 S. 317). Die kurze Form des Pluraldativs den begegnet nur Tusc. 10, sowie in einem Citat (Aug. 10), sonst heifst es in der Regel denen, bisweilen auch dene (1521 S. 407) oder denne (La). Dabei ist zu beachten, dafs denen (oder dene) als Pronomen oder Geschlechtswort auch vor Substantiven gesetzt wird (Franke S. 189), z. B. Verst. B, B b, B 2 b, B 4.

Die mhd. Adverbbildung ist nur aus den andern Schriften Reuchlins in den Formen ewiglichen (Miss. 179, 23), rüwiglichen (Miss. 179, 27) und grüntlichen (Aug. 1) zu belegen.

In der Konjugation zeigt sich die Verschiedenheit zwischen LD und den andern Schriften Reuchlins besonders hinsichtlich des Gebrauches der Pluralendungen. Für die 1. pl. fehlen in LD die Belege, die andern Schriften bieten ſollent (Aug. 8 b), wöllent (Aug. 17), und besonders hond (s. u.). Die 2. plur. geht hingegen selten auf t aus (habt und hapt 1512 S. 176, 178; wöllet Konjunkt. 1519 S. 317), meist endet sie im Präsens wie im Präteritum auf ent. So bieten die Briefe der Jahre 1512, 1513, 1514 und 1519 von jedem der beiden Tempora mehr als ein Dutzend Beispiele. Ebenso hat auch D nur selten die nhd. Form (nemmet 1; meynet 24, 27), sonst heifst es ir mogen, haben, muſſen, wollen, meinen, werden, thun; mochten, hetten, muſten, wolten u. s. w. Die vollen Formen auf ent, von Ölinger später als rustica und obscura vocabula bezeichnet

(Carl Müller S. 77), hat Reuchlin sehr selten (ſollent, wiſſent Aug. 7; ſöllent 1521 S. 407), während sie besonders in D auffallend häufig sich finden (L 8, 9; D 2, 6, 6, 6, 8, 17, 17, 17, 19, 19, 19, 20, 20, 25, 25, 28). Hingegen zeigen überall die Imperativformen in der Regel die Endung ent (Aug. 7, 7, 7b, 8 öfters, 12 öfters; Verst. B 2b; 1512 S. 180[1]); 1519 S. 318), nur selten die nhd. Form (Aug. 12, 34b; 1519 S. 318) und ganz vereinzelt die auf =en (ſchicken 1513); D hat in den wenigen Fällen, wo der Imperativ vorkommt, nur =ent (4, 20, 20). — Auffällig ist die Erscheinung, daſs die alten mhd. Formen der 3. plur. auf ent überall bei Reuchlin häufig vorkommen (mindestens 75 Mal) und sogar in das Präteritum (gabent Aug. 19) eingedrungen sind, in LD aber fast ganz fehlen (ſie wiſſent D 5). — Statt der Tenuis haben besonders die einsilbigen, bindevokallosen Verben bei Reuchlin die Media. Es findet sich: 1. pl. hond (Aug. 15, 20b) neben hon (Aug. 5, 35). 2. pl. hond (1512 S. 179 oft); gand (Aug. 20). 3. pl. hond (Miss. 178, 35, 43; Aug. 2b, 6, 6, 19b, 39, 39b) neben hon (Tusc. A. 27); hand (1521 S. 407); vmbgond (Aug. 34b), gand (1519 S. 318; ſtond (Aug. 9, 9b, 11, 17b, 18b, 33); thund (thůnd (Tusc. 10; Aug. 14, 20b; Verst. B 4, C 4b, C 5) oder tůnd (Tusc. 7). Von anderen Verben begegnet vereinzelt nur die 2. pl. auf d: ſind (1512 S. 177), fragend (Miss. 177, 18), manend (Miss. 177, 17). Abweichend von diesem Brauche haben LD auch bei den obenangeführten einsilbigen Verben nur t: 2. pl. hant (D 19) oder hat (D 19); thunt (D 19). 3. pl. hant (D 22) oder habt (D 5); thunt (D 28); abgant (D 22). — Auf die eben genannten häufig vorkommenden Verben erscheint auch der Antritt von d oder de beim flektierten Infinitiv (Kaufmann S. 185f.) nahezu beschränkt: zethund, zethunde (1501), zu thůnd (Aug. 1); zu verstond (Aug. 14b), zu verstend (Verst. B 3b); auch

---

[1]) Hier findet sich auch ſind; s. u.

gekommend (Aug. 2). LD bieten für diese Erscheinung keinen Beleg. — Die Vorsilbe ge fehlt, wie stets noch bei Luther (Neubauer S. 234) überall bei kommen (L oft, D 9) und worden (Tusc. 4; 1513 S. 208 u. s. w.: D 12, 13) ferner bei geben (Tusc. 5; 1512 S. 176, 180; 1519 S. 318) und gangen (Aug. 6b, 17; 1514: L 9), wozu aus Reuchlins übrigen Schriften allein hinzukommt funden oder funden (Tusc. 5; Aug. 17); glaubt (Aug. 40b) und taufft (Aug. 39, 39b, 40b u. s. w.) neben getaufft (Aug. 40, 40b). Umgekehrt liest man vbergelegen L 10 (begegeben D 7 ist wohl nur ein Versehen), sowie sonst vnbergebruckt (Aug. 2, 12, 13; 1514). — Zahlreich sind überall noch alte Verben und Verbalformen vertreten. Vom alten turren bieten die andern Schriften Reuchlins die 3. sing. gebar (Aug. 19, 36b, 37, 41), die Konjunktivformen gebör (Aug. 36) und gebörst (1513), das Particip gebören (1521 S. 407; vgl. Weinhold, Al. Gr. § 382). Auch L 10 liest man gebar, sowie D 24 den der mhd. Form entsprechenden Konj. d. Präter. (Benecke, Mhd. Wörterb. III 15a) torsten. Nur Aug. 8 findet sich vergicht vom alten Verbum versehen. Konsequent heifst es noch überall was (auch waß Tusc. 3, 3 geschrieben) statt war (Tusc. oft; Aug. 7b, 13; Verst. C 3; L 9, D 8). Nur in den andern Schriften trifft man auf die starken Formen gebuwen (Tusc. 3, 3) und gerawen (Aug. 10b), die schwache gewest (Aug. 39); hingegen bieten nur unsere Texte ich thun (Le)[1]) und quamen (Da 2, 8), sowie quaeme (D 18). — Zum Schlusse seien noch die überall verstreuten Formen der oft erwähnten Verben kurz zusammengestellt. sin (S. XVIII f.), sein, seint (S. XXXI), sint (XXXVI), sind (LIV), was (s. o.), gewesen (S. XXXVIII), gewest (s. o.). — habe, hab (S. LI), han (hon) (S. LI, LIV), hat (S. XLII), hand (S. LIV), het(t)e (S. XXIII f.), gehapt (S. XXXIV). — gen und sten (S. XXVI), gan und stan (gon und ston) (S. XXVI, XXVIII), gond und stond (S. LIV), gent (S. XXXV), stat (stdt) (S. XXVI, XXVIII), gehen und stehen

---

[1]) Auch als 3. sing. coni. findet sich L 6 vorthun (?).

(S. XXVI).¹) — thun (S. XXII, XLIX, LV), thet(t)e (S. XXIV, XXXI), gethon (S. XXVIII). — mugen (S. XXVI), mock (S. XXXVIII), machstu (S. das.). — fündten (S. XXVI, XLVII), gefünt (S. XXVI). — wollen (wöllen) (S. XXIV), wellen (S. XXVII), willt, wiltu (S. XLII). — sol(l), sal(l) (S. XXXII, XLVIII), söllen (S. XXIV). Schliefslich sei darauf hingewiesen, dafs die wunderliche Interpunktion der Handschrift, zumal sie nur selten deutlich zu erkennen ist, aufgegeben werden mufste; ebenso sind die abkürzenden Züge für Buchstaben (besonders n und m) nicht wiedergegeben worden. Nur in der Einleitung ist ferner der Versuch gemacht worden, ein Bild davon zu geben, wie planlos der Abschreiber die grofsen Anfangsbuchstaben braucht, sonst habe ich diese, allerdings meist gegen die Gewohnheit des Schreibers, der Deutlichkeit wegen auf die Satzanfänge und Eigennamen beschränkt. Eine genaue Wiedergabe ist schon deshalb unmöglich, weil bei gewissen Buchstaben, wie w, b u. a. sich oft garnicht entscheiden läfst, ob sie grofs oder klein geschrieben sind. Überdies scheint der Schreiber der Deutlichkeit zu liebe gewisse Buchstaben im Anfange fast stets grofs zu schreiben (so j, i u. a.), jedenfalls hat er nicht Reuchlins sonstigen ziemlich verständigen Gebrauch des grofsen Anfangsbuchstabens beibehalten. Die unsinnige Schreibung der Eigennamen, ist, soviel auch davon der Abschreiber verschuldet haben mag, nicht geändert worden, da Reuchlin auch sonst mit den Eigennamen sehr frei umspringt (vgl. Julius Tusc. e; 1501; Polycletten Tusc. 4 u. a.), seine Hand sich also auch in diesem Punkte nicht herstellen läfst.

Zeichenerklärung.

( ) Ergänzungen.   < > Tilgungen.
[ ] Verbesserungen.   H = Handschrift.

---

¹) Es ist hinzuzufügen, dafs wie im Nhd. stanb (Tusc. 6; 1512 S. 176) mit stunb (stünde Miss. 177, 16) wechselt; daher hat D 18, 18 (vnder)stunde und De freiste[nt]. — Der Imperativ gang steht Aug. 11b.

e.

Dem Hochgebornne Hern hern Eberharten Grauen
zu Wertemberg¹) vnnd zu Mumpelgartenn ꝛc. Dem Eltern²)
m. g. h.³) Entpeut Ich Johans Reuchlein weltlicher recht⁴)
5 Doctor Mein vndertenigen gehorsam willigen dinst allezeit

---

¹) Die vom Schreiber ständig gewählte Form Wertem=
berg (Le. subscr.; De 2; Distel hat gegen die Handschrift
Wirtemberg eingesetzt) verrät die Hand des fremden Ab=
schreibers. Die Urkunden des Jahres 1495 bieten Wirtem=
berg und Wirtemperg (Sattler, Gesch. d. Herzogthums Würten=
berg. V, Beyl. S. 72 ff.), Reuchlin schreibt in der Regel die
erstere Form (z. B. 1519 öfters; 1514 steht Wirtenberg).
Nur die päpstliche Bulle vom Jahre 1476 (Urkunden zur
Gesch. d. Universität Tübingen aus den Jahren 1476 bis 1550;
Tübingen 1877, S. 12 f., 15) bietet auch die Schreibung
Werttemberg.

²) Vgl. Sattler V, Beyl. Num. 3, S. 5: Hochgebornen
Herren Hern Eberharten dem eltern vnd ... Grauen zu Würtem=
berg und zu Mumpelgart ꝛc vnsern gnebigen Hern.

³) mynem gnebigsten herren. So steht in der Dedikation
des Aug. (1), die auch sonst der hier zu lesenden entspricht;
denn es heißt dort weiter: embeut ich Johannes Reuchlin
von Pfortzheim maister in der philosophi, vnd in kaißerlichen
rechten doctor, myn vndertenig willig dienst alzeit beuor. Vgl.
die Briefe von 1501 (minem gnedigsten herrn entbüwt ich
Johannes Röuchlin inn welltlichen rechtenn doctor min vnndertenig
willige diennst) und von 1514 (Min willigen dienst syen uch
allziit beuor). Etwas abweichend heißt es auch in der Lukian=
übersetzung: mynem gnedigen herren enbeut ich Doctor Johñs
Reuchlin myne vndertenige gehorsam willig dinst allezeit zuuoran.

⁴) weltlicher rechte Doctor findet sich auch sonst statt des
lateinischen legum oder utriusque juris doctor. S. die vorige
Anmerkung und dazu Geiger, Zft. f. vgl. Litteraturg.,
1891, S. 156.

beuor. Gnediger herre [vjß¹)] euwer gnade vnnd andern schrifften han ich guter maß²) wol ab zu nemen, das auf de[m]³) Itzgehaltenn koniglichen tag Bey euch zu Worms nit wenig⁴) der Sein von geschickten Botschafften vnnd Sust, die auß angeborner vernunfft auch schrifft= licher vbung ein ytlich⁵) sach wol vnnd kunstlich⁶) zu be= schreybenn wissen, Es (sey) Im Teutschen ader Latin, Als ich etlich dero geticht vnnd gesetzt redenn, Beiderley ge= messen vnd vngemessen, nehst mall entpfangen vnnd ge= lesen habe; Dardurch ich gar nach bewegt wer worden, Auch mit der Meynung der Barren zu lauffen⁷) vnnd mich etwas meyn getichts lassen mercken, wo mich des nit gehindert hetten meyn klaynn muttige scham vnnd forcht. nicht Destamynder auf das Ich denacht⁸) Darckheit clages freiste[nt]⁹) vnd mich doch nit so weit Inn die sachen

---

¹) Als H.
²) Vgl. 1501, S. 74: er wollte doch gutter maß durch ver= nunfftwegs gnug anzögenn.
³) denn H.
⁴) Steinhofers Wirtenbergische Chronik (III, S. 550) zählt 51 angesehene Männer allein in der Umgebung des Grafen Eberhard auf.
⁵) Schon im Mhd. findet sich die Kürzung *itlich* statt *ieteslich* (Lexer, Hdwb. I. 1416).
⁶) Vgl. 1501: diß min unkunstlich vnnd doch flyssig arbaytt.
⁷) „Mit deren Absicht wetteifern." In einem Vocab. von 1618 wird der Ausdruck, der im Mhd. als *barre loufen* (Lexer, Hdwb. I, 131) oder als *barlaufen* (Grimm, Wb.) vorkommt, durch die Wendung cursu certare erklärt (Diefen= bach-Wülcker, Hoch- und Niederdeutsches Wörterb. Sp. 161).
⁸) Dieselbe Häufung Miss. 177, 44: dannocht nichtß bestminder.
⁹) „des Fleckens der Geschicklichkeit freistände (freistem H.) = freiwäre." So unsicher diese Erklärung erscheinen mag, so entspricht sie doch, bis auf eine Kleinigkeit, den graphischen Zeichen, und auch dem geforderten Sinne. Das mhd. *klac* (Fleck) wird später auch im übertragenen Sinne gebraucht (Weigand, Deutsch. Wörterb. u. d. W. Kleck). Zu *daere* = md. *dâr* „passend" (Lexer, Mhd. Hdwb. Nachträge 118) ist „dârheit" von Lexer aus Berthold von Holle belegt. Über *freistehen* s. Benecke II 2, S. 571.

begeb, das ich auch meynem haupt etwas furneme Lop
wirdig von Nauwen[1]) Zu setzen, So ha|n|[2]) ich als eyner,
der Jme teglich gnade begert, zu meren der alten krichen
handelung, wollen her fur suchen vnd di|ß|[3]) vnderstann
an den tag[4]) vnd au|ß|[5]) krichischer Sprache Jnn vnnser
te|ut|sch|s| Zu bringen,[6]) Dar Ine ich meynn das felt zu=
behalten, fur dwil so wenig Jm Teutschen gezung Erfunden
werden, die Jr arbeit Also Swerlich auf die krichischen
bucher gelegt haben,[7]) das sie nur des vorlaufs zeyl an=
behalten. So ich Nun des gemuts vnnd vorsats, wie ob
stat, gewesen bin, hat sich wole gezimt, das ich vnnder
den Crichischen handeln eyn solchen mir Auserwelt, Der
den dingen gemes[8]) were, domit man, als die gemeyn
Sag[9]) ist, Jm Romischen Reiche dieser Zeit vmb gat, Deß=
halb ich mir vnder[10]) allenn krichischenn Den hochwirdigsten
vnnd vbertrefflichistenn Redener erwelt hann, Demostenes
genant,[11]) des Zirlich gespreche[12]) vnnd Zymlich alle vnd
yede gut schreyber vnnd gut Redener mit sunderm fleis
zum hochsten gelobt haben. vnnd gleich wie man den
Jnn aller welt vor den kostlichsten man Zu Reden vnd

---

[1]) von neuwem Tusc. 1.

[2]) ham (mit einem Strich über dem letzten Grund-
strich des m) H.

[3]) die H.

[4]) an tag legen. S. S. L.

[5]) auch H.

[6]) in unser teutschs (teschig H) zu bringen. Vgl. zu
teutschs gemacht L subscr.; in unser teutschs zu wendenn Le:
transferirn vnd tolmetschen Aug. 13; teutschen s. S. XXXVI.

[7]) arbaytt, die ich gelegt hab an die tusculantschen
fragenn 1501.

[8]) Vgl. dem rechten gemeß 1521. S. 407.

[9]) ist die sag, der bundt werd sich wider embören 1519,
S. 316.

[10]) vnder corrig. H.

[11]) gůt. H.

[12]) Mit zierlich reden übersetzt Reuchlin Tusc. 7 ornate
dicere; mit gespretch Tusc. 5 orator (= eloquentia).

Zu Raten geacht gehalten¹) vnnd aben dar angesetzt hat, Also hab ich mir vunder allen Seynen Rednen die Erst vergenomen, die am vbersten vnd forderften des Buchs stat vnd heischt olintiacos prothos, Ist so vil gesprochenn Als die Erste Rede von den olintiern. Wie wol ich Aber solch sein kunstreich vnd loblich gemecht²) nit mag In die Teutschen forme bringen, Das es den schein vnd brecht³) behalt, So es dan In Seyner eigen, Das ist In Crichischer sprach hat, Nach dan ich mit ganzem Ernst geflissenn,⁴) Das ich by der meyn(u)ng vnnd alles[k]l[ei]ch⁵) stetig Blibe, dar bey auwer gnade dannocht verstaun mag, wie wienig di[s]⁶) Buchlin Ist, das demostenes auf rechtenn Ban⁷) gelegen sey. das Wolle euwer gnade vonn mir zu gut annemen vnnd bey Cleyner gabe grossen willen vorstan

---

¹) Geachtet gehalten (wahrscheinlicher als geacht, gehalten), d. h. hochgehalten.

²) Im edlen Sinne von geistiger Arbeit auch sonst gebraucht; vgl. Grimm, Wb. u. d. W. no. 4 f.

³) „Den Glauz (vgl. Tusc. 5 schyn = lumen) und das Gepräge" (mhd. Lexer II, 289: praech) oder „die Pracht" (Aug 35 b zu einem lob vnd bracht bienen).

⁴) Gewöhnlich wird das Verbum auch von Reuchlin reflexiv gebraucht: des sich dieselben weißen — geflissen haben Aug. 10 b; hon ich mich — geflißen zu überkommen 1513, S. 208.

⁵) alle fluch H. Die Verderbnis ist klar, aber schwer zu beseitigen. Das von mir eingesetzte Adverb (= gänzlich) hat im Oberdeutschen mancherlei Formen, z. B. allenklich, elleklich, elliglich (Diefenbach-Wülcker, Hoch- und Niederdeutsches Wörterbuch S. 43), deren eine den vorhandenen Schriftzeichen ziemlich genau entsprechen dürfte. Man könnte auch an (an) alle fluch(t) = „ohne Abweichungen" denken, doch fehlen für eine solche Verwendung des Ausdrucks die Belege.

⁶) bie H.

⁷) „auf rechter Bahn" oder auf (der) rechtenn ban. Vgl. vff die ban richten Tusc. 1; Aug. A b.

Geben Zu Tewbingen¹) an Sanct margrethen tag Anno
⁊c LXXXXV^to.

---

¹) Diese Form stammt wie „Wertemberg" vom Abschreiber her. Die Urkunden der Zeit (Sattler, Gesch. d. Herzogthums Würtenberg. IV, num. 107, S. 170; V, num. 9, S. 25, num. 21, S. 82 u. s. w.) bieten meist Tuwingen (Tüwingen) neben Tübing(en) (z. B. Moser, Sammlung allerley ... Würtemberg betr. Urkunden. 1732, I. Theil, S. 101 = Urkunden S. 76). Die Matrikel der Universität Tübingen (Urkunden S. 455 ff.) hat bis 1503 nur die Formen auf w; im Jahre 1508 stehen Tuwingen und Tubingen noch neben einander; dann siegt offenbar unter Einfluſs des Lateinischen die Schreibung Tubingen. Auffälligerweise steht aber auch unten (e 2) diese jüngere Form Tubingen.

a.

Argementum, das ist der grundt des nachfolgende(n) buchleins.

(**1**) Olinthus ist eyn stat inn Tratzia vnd dach besetzt mit Crichen von Calcide, in Euboia gelegenn khein Atthenis gehorig vnd vil redlichen krieg ir tage gehapt, vertzeiten vber die von Athenis, als sie gantz Kriechen landt vnder sich bringen wolt(en), darnach wider die Latzedemonier vnnd ander. Des hat sie mit der zyt in grosser macht zugenomen vnd ander stete am nehst zu rincke[1]) vmb= gelegenn vberwachsen. Dar her sint vil geschlicht von Caltzide in Tratzien heußlich heblich[2]) gezogen:

(**2**) vnd als nun die Clinthirer mit Philippo dem konig von Motzedonia des grossen Allexanders vatter[3]) inn Buntnis quamen vnnd am ersten mit ime wider die von Athenis frichten, wart inn gemeyn ein stat ge= wonnen, die denn Matzedoniern leits gethan hatte, mit Pothidea, die vor den vonn Athenis gewesen; die ergab Philippus den olintiern. Aber darnoch empfingen sie ein vngunst kygem dem konig, darumb das sie befunden wie er durch behendigkeit balde zu grossem aufgang[4]) wolt kommen vnd forchten sein vntrewe, sagten im de[n] bundt auf vnd theten sich zu de[n][5]) von Athenis,

---

[1]) Mhd. *ze ringe* (Lexer II 443).

[2]) heußlich heblich. Dieser Rechtsausdruck findet sich bereits im Mhd. mehrfach, auch in der Zusammenziehung *hushabelich* (s. Lexer I 1310, 1404).

[3]) Diese Erklärung wurde auch später gern hinzugesetzt; vgl. Hieronymus Boner zu den vier philippischen Reden: der eyn vater des grossen Alexanders gewesen ist (Degen, Nachtrag zu der Litt. d. deutschen Übersetzungen der Griechen, Erlangen 1801, S. 111).

[4]) zu nutz vnnd vffgang der hailigen geschrifft Aug 36. Aufgang = Gedeihen; s. Grimm. Wb. u. d. W. no. 3.

[5]) dem H ist wohl nur, wie kurz vorher, ein Ver- sehen, es müsste denn, was wenig wahrscheinlich ist, Reuchlin oder der Abschreiber bundt im Geiste ergänzt haben.

(1) Ὄλυνθος ἦν πόλις ἐπὶ Θρᾴκης, Ἑλληνικὸν δὲ ταύτῃ τῶν ἐνοικούντων τὸ γένος, ἀπὸ Χαλκίδος τῆς ἐν Εὐβοίᾳ· ἡ δὲ Χαλκὶς Ἀθηναίων ἄποικος. πολλοὶ δὲ πόλεμοι καὶ ἔνδοξοι τῆς Ὀλύνθου. Ἀθηναίοις τε γὰρ ἐπολέμησεν ἄρχουσι τῶν Ἑλλήνων τὸ παλαιὸν καὶ αὖθις Λακεδαιμονίοις· χρόνῳ τε εἰς δύναμιν προῆλθε μεγάλην, καὶ τῶν συγγενῶν πόλεων ἐπῆρχεν· ἦν γὰρ ἐπὶ Θρᾴκης πολύ τι[a]) γένος Χαλκιδικόν.

(2) Φιλίππῳ δὲ τῷ Μακεδόνων βασιλεῖ συμμαχίαν οἱ Ὀλύνθιοι ποιησάμενοι, καὶ πολεμοῦντες μετ' αὐτοῦ πρὸς Ἀθηναίους τὸ κατ' ἀρχάς, καὶ τοῦτο μὲν Ἀνθεμοῦντα παρὰ τοῦ Μακεδόνος εἰληφότες, πόλιν ἀμφισβητήσιμον Μακεδόσι καὶ Ὀλυνθίοις,[b]) τοῦτο δὲ Ποτίδαιαν, ἣν Ἀθηναίων ἐχόντων ἐκπολιορκήσας ὁ Φίλιππος Ὀλυνθίοις παρέδωκεν, ὕστερον δὲ[c]) ὑποπτεύειν ἤρξαντο τὸν βασιλέα, ὁρῶντες αὐτοῦ ταχεῖαν καὶ πολλὴν τὴν αὔξησιν, οὐ πιστὴν δὲ τὴν γνώμην. ἀποδημοῦντα δὲ τηρήσαντες αὐτόν, πέμψαντες πρέσβεις πρὸς Ἀθηναίους κατελύσαντο τὸν πρὸς αὐτοὺς πόλεμον, ποιοῦντες τοῦτο παρὰ τὰς συνθήκας τὰς πρὸς Φίλιππον· συνετέθειντο γὰρ καὶ κοινῇ πολεμεῖν πρὸς Ἀθηναίους, κἂν ἄλλο τι δόξῃ, κοινῇ σπείσασθαι.

---

a) τι fehlt Urb. r. ς. Υ. Rehd. Goth. Aug 6.
b) Reuchlin hat diese Stelle in wenig zutreffender Weise gekürzt und besonders den ihm wohl unbekannten Eigennamen beseitigt.
c) ὕστερον δὲ Urb. Υ. Rehd. Aug 6. ὕστερον Voem.

(3) deßhalben ime der konig mit denn olintiern vername den krieg anzufahen. Von des wegenn schickten sie ire botschafften gein Athenis vnd baten umb hulff vnnd beystant. Da man nun im rathe von der sache wart vmbfragenn, thete Demo<n>stines diese nach gehende rede.

e 2.

Hernach volgt des allerwolsprechsten[1]) Crichen Demosthenis rede widder Philippum denn konig von Matzedonia Allexanders des große u[n²]) vatter. Geschenn[3]) dem hochgeborne hern herrn Eberhartenn grauen zu Wertemberg etc. dem Elterun minem gnedigen hern von mir Doctor Johansenn Reuchling auß kriechscher sprach inn das Swebisch Teutschs gebracht, zeugnus dieser meyner hantschrifft geben zu Tubingen inn Seyner gnade cantzeley, dar ine ich es getichtet vnnd geschr[i]ben[4]) habe ann Sant Margarethenn tag anno etc. LXXXXV[to].

(1) Ir herrn vonn Athenis, i[ch][5]) haldt, ir nemmet es vor ein grosse gudt, das ir mochtenn warlich wissen, was unnser<s>[6]) stat am nutzlichsten<e>[7]) zu thun were inn diesen dingen, damit man itzt vmb gat, vnd so dem also ist, wil sich wol geborn,[8]) das ir mit fleis erntstlich euwer gut aufmercken haben auf der rede, die vnns iren radtschlag getrewlich mit teylen. Dan da werden ir nit allein vornemmen, was sich yetzlicher auf die sache da heyment zunoran bedacht hat, sunder auch, das ich auch

---

¹) die aller wolredensten mann Tusc. A 19.
²) großern H.
³. „Geschehen" braucht hier Reuchlin statt des lateinischen actum vgl. 1501, als Schlussformel (Grimm, Wb. u. d. W. no. 7c).
⁴) geschrrben H.
⁵) ir H.
⁶. Der letzte Buchstabe scheint nur ein Zeichen für die Abkürzung der Endung zu sein; s. u. S. 20 A. 1.
⁷) nutzlich stene H.
⁸. Ebenso ist die Konstruktion Aug. 32b: wil sich ... gebüren.

(3) ὁ δὲ Φίλιππος πάλαι μὲν προφάσεως ἐπ'
αὐτοὺς δεόμενος, τότε δὲ ταύτην λαβών, ὡς τὰς συνθήκας παραβεβηκόσι καὶ πρὸς τοὺς ἐχθροὺς τοὺς
ἑαυτοῦ φιλίαν ἐσπεισμένοις πόλεμον ἐπήνεγκεν.[a]) οἱ
δὲ πεπόμφασι πρέσβεις εἰς Ἀθήνας περὶ βοηθείας, οἷς
ὁ Δημοσθένης συναγορεύει, κτλ.[b])

(1) Ἀντὶ πολλῶν ἄν, ὦ ἄνδρες Ἀθηναῖοι, χρημάτων ὑμᾶς ἑλέσθαι νομίζω εἰ φανερὸν γένοιτο τὸ
μέλλον συνοίσειν τῇ πόλει περὶ ὧν νυνὶ σκοπεῖτε.
ὅτε τοίνυν τοῦθ' οὕτως ἔχει, προσήκει προθύμως
ἐθέλειν ἀκούειν τῶν βουλομένων συμβουλεύειν. οὐ
γὰρ μόνον εἴ τι χρήσιμον ἐσκεμμένος ἥκει τις, τοῦτ'
ἂν ἀκούσαντες λάβοιτε, ἀλλὰ καὶ τῆς ὑμετέρας τύχης

---

[a]) ἀποδημοῦντα bis ἐπήνεγκεν ist von Reuchlin stark und zum Teil unrichtig (theten sich zu be[n] von Athenis) verkürzt worden.

[b]) Die Inhaltsangabe der Rede, die Libanios im folgenden giebt, läßt Reuchlin weg.

dann vor ein merglich gluck achtenn muß, so mag manchem man vil nutzelicher menu(n)g in reden zu fallen,¹) dar auß ir etwas auch hulflichs abnemen vnd dar vnder die wal haben mugen, welchem ir volgen woltenn.

(2) Nun, lieben hern, diese zeit bedunket mich, als ab sie reden kundt mit eigentlichen wortenn auspprechen vnd schreiben,²) das auch die ding sint vnder handen zu nemen, wollent ir achte[r]³) auch selber euwer libe ere vnnd gut zu behalten geneigt sein. Doch weis ich nit, wie wir vnns dar ein schicken. Als vil ich mich aber des verste, so stat die sache darauf nemlich, das man hilff erken vnd ein eilde hulff von hynnen auß schicke, damit wir nicht wie vor schades entphan, vnnd das wir ein botschafft abfertingen, die vnns der sachen warnen vnd sich dort zu den hendelen nehen vnnd dar ein schicken kundt

(3) nach aller notturst, auf das sich vnser widdersecher,⁴) de[n|⁵) wir vor hinderlistig vnnd inn vorgefastenn⁶) hendeln gescheydt erkennen seines aufgezugen⁷) willens nit gebrauch vnns zu merglichem schadenn, als ab er sich gegen den vnsernn⁸) mercken wolt lassen itzt eins vberzogs⁹) vngewarnter sache, dan eins trawens, dwil er der achtung

---

¹) S. 23 das macht ei[m] thoren nerrischs zugesel. Tusc. 14 also fallt es mir yetzo zu diß griechesch wort axioma zu nennen; Aug. 17 aus legt, wie er ainen zu sal hat.

²) Möglicherweise hatte der Schreiber erst schreiben gesetzt und dann das b durchstrichen.

³) achten H. Alle die zahlreichen Formen dieser im Schwäbischen so beliebten Konjunktion (Schmid, Schwäb. Wörterb., Stuttgart 1831, S. 8), die „nur, eben" bedeutet (Lexer, Hdwb. I, 515) gehen, wenn sie zweisilbig sind, auf r aus.

⁴) Vgl. Aug. 7.

⁵) dem H.

⁶) Das Wort muſs hier soviel wie „unternommen" bedeuten.

⁷) Der mhd. Gebrauch von aufziehen = aufschieben findet sich auch Verst. B 4 b: wölt vff ain sach bedencken, oder zug sie vff.

⁸) „Gegen die Unsern" fast = „gegen uns."

⁹) mhd. überzoc = Überfall, Angriff.

ὑπολαμβάνω πολλὰ τῶν δεόντων ἐκ τοῦ παραχρῆμ᾽
ἐνίοις ἂν ἐπελθεῖν εἰπεῖν, ὥστ᾽ ἐξ ἁπάντων ῥᾳδίαν
τὴν τοῦ συμφέροντος ὑμῖν αἵρεσιν γενέσθαι.

(2) ὁ μὲν οὖν παρὼν καιρός, ὦ ἄνδρες Ἀθηναῖοι,
5 μόνον οὐχὶ λέγει φωνὴν ἀφιείς, ὅτι τῶν πραγμάτων
ὑμῖν ἐκείνων αὐτοῖς ἀντιληπτέον ἐστίν, εἴπερ ὑπὲρ
σωτηρίας αὐτῶν φροντίζετε· ἡμεῖς δ᾽ οὐκ οἶδ᾽ ὅντινά
μοι δοκοῦμεν ἔχειν τρόπον πρὸς αὐτά. ἔστι δὲ ᵃ)
τά γ᾽ ἐμοὶ δοκοῦντα ψηφίσασθαι μὲν ἤδη τὴν βοήθειαν
10 καὶ παρασκευάσασθαι τὴν ταχίστην, ὅπως ἐνθένδε
βοηθήσητε καὶ μὴ πάθητε ταὐτὸν ὅπερ καὶ πρότερον,
πρεσβείαν δὲ πέμπειν ἥτις ταῦτ᾽ ἐρεῖ καὶ παρέσται
τοῖς πράγμασιν·

(3) ὡς ἔστι μάλιστα τοῦτο ᵇ) δέος, μὴ πανοῦργος
15 ὢν καὶ δεινὸς ἄνθρωπος πράγμασι χρῆσθαι, τὰ μὲν
εἴκων, ἡνίκ᾽ ἂν τύχῃ, τὰ δ᾽ ἀπειλῶν (ἀξιόπιστος δ᾽

---

a) δὲ ἡ. Ald Tayl. δὴ Voem.
b) τοῦτο fehlt Pal 2. Dresd. Falls es in der reuchlinschen Vorlage fehlte, ist das wunderliche Mißverständnis (δέον statt δέος), das freilich möglicherweise auf einer Lesart oder wenigstens auf Unleserlichkeit des Textes beruhte, eher begreiflich.

ist, das er seynen wortenn crafft gebe, ist das er dem
gemeynen man einbilden¹) wolt vnser vnmacht, dan²) das
wir inen entlegen vnnd weydt hindan gesessen were.

(4) Lieben hern, lassent vnns nit hart bekumern
Philippus streitbar vnnd mechtig wesen vnd sein hendel,
die er vbet: es mag vnns vil meher gut den schayde sein.
Ten das er all seins guts ein einiger her ist, gesuchs vnd
vngesuchs,³) vnnd ein hertzog gubernator vnd regirt vber
alle sin here an allen orten, da (e)r vornam hat an,⁴)
darbey vnnd darmit ist wol war, das thut vil zu behen-
der volfurung eins kriegs, aber zu dieser versamelung,⁵)
die er auß eigen vornemen widder die olintirer vnder
stat zu machen, hat es gantz ein ander meynung.

(5) Tan vnuerborgen ist den olinthirern, das⁶)
s[ye]⁷) ist nit vo[n]⁸) rums vnnd eren wegenn adir vmb
ecker vnnd wiesen kriegen adir streitenn mußenn, sundern⁹)

---

¹) „einprägen" (Lexer I, 1423), hier = „einreden."
²) corrig. H.
³) „Gesuchtes und Ungesuchtes" ist ein auch im
Schwäbischen üblicher Rechtsausdruck (Lexer II, 1321), der
hier in seiner ursprünglichen Bedeutung quaesitis et in-
quirendis: Grimm, Wb. u. d. W. no. 1) gebraucht wird.
⁴) „wo er etwas vornehmen will." Die Deutung des
sehr schlecht überlieferten Zusatzes zum griechischen Texte
ist sehr zweifelhaft; es scheint dazustehen dar nor Nam hat
an. Das Substantiv vorname (das Verbum: Lexer III, 586)
ist nun freilich in der Weise, wie hier, sonst nicht zu belegen;
auch muſs die Konstruktion, besonders die Trennung des
daran zweifelhaft erscheinen; schliefslich ist es nicht un-
bedenklich darbey vnnd darmit mit dem Folgenden zu ver-
binden.
⁵) versamelung scheint auch sonst nur „Zusammenkunft"
zu bedeuten; es liegt also auch hier wohl ein Mifsverständnis
Reuchlins vor.
⁶) sich ist unverborgen wie das ... 1519, S. 316.
⁷) sey H. Vielleicht ist die Stelle zu ergänzen das sey
ist nit ... (das sie) kriegen ... mußenn.
⁸) vom H.
⁹) Möglicherweise steht auch hier die übliche Form
(s. S XL) sunder, und der Zug hinter dem r dient nur zur
Verzierung des Zeilenschlusses.

ἂν εἰκότως φαίνοιτο), τὰ δ' ἡμᾶς διαβάλλων καὶ τὴν ἀπουσίαν τὴν ἡμετέραν, τρέψεται καὶ παρασπάσηταί τι τῶν ὅλων πραγμάτων.

(4) οὐ μὴν ἀλλ' ἐπιεικῶς, ὦ ἄνδρες Ἀθηναῖοι, τοῦθ', ὃ δυσμαχώτατόν ἐστι τῶν Φιλίππου πραγμάτων, καὶ βέλτιστον ἡμῖν.ᵃ) τὸ γὰρ εἶναι πάντων ἐκεῖνον ἕν' ὄντα κύριον, καὶ ῥητῶν καὶ ἀπορρήτων, καὶ ἅμα στρατηγὸν καὶ δεσπότην καὶ ταμίαν, καὶ πανταχοῦ αὐτὸν παρεῖναι τῷ στρατεύματι πρὸς μὲν τὸ τὰᵇ) πολέμου ταχὺ καὶ κατὰ καιρὸν πράττεσθαι πολὺᶜ) προέχει, πρὸς δὲ τὰς καταλλαγάς, ἃς ἂν ἐκεῖνος ποιήσηταιᵈ) ἄσμενος πρὸς Ὀλυνθίους, ἐναντίως ἔχει.

(5) δῆλον γάρ ἐστι τοῖς Ὀλυνθίοις, ὅτι νῦν οὐ περὶ δόξης οὐδ' ὑπὲρ μέρους χώρας πολεμοῦσιν, ἀλλ'

---

a) ἡμῖν ε. η. θ. Pal 1. 2. Dresd Goth Aug6. ἡμῖν Voem.
b) τὸ τὰ Pal 1. Hav. τὸ τὰ τοῦ Voem.
c) πολὺ r. corr. Bav. ex πολλὸ. πολλῷ Voem.
d) ποιήσηται vulgo. ποιήσαιτ' Voem.

vmb widertrann⟨u⟩g¹) vnd vndertruckens irer heymet
vnnd ires vatter lands. Sie wiſſent auch wale was er de|n|²)
Antphipoliten gethan hat, die ſich ſelbſt vnnd ir ſtat
ann i|n|e³) ergeben hadt, auch denn Pitnerern, die auf=
genommen ſint. Vnnd uber das alles, ſo han ich dar
fur, das thirannei gegen allen regementen ein vnglauben
auf ir trag vnnd am merſtenn vnder den anſtoſern, die
zwing vnd ben⁴) gegeinander haben.

(6) Fur die weil nun ſolchs wiſſent, lieben hern
vonn Athenis, vnd das vnd anders betrachtent,⁵) was
dar auß enſtan mag, ſo ſag ich, das ir auch muſſent
willig erzeigen vnd auch in die hendel ſpitzen.⁶) Haben
ir ye willens gehabt zukriegen, ſo iſt izunt die zyt hie,
das ir mit dem anſlag lendt vnd gut nichtes da hinden
laſſen. Tan ir haben des kein vrſach nach entſchuldigen,
das ir nit alles das anferent,⁷) das dieſe ding mag⁸)
fordern.

(7) Nun habt es ſich von ime ſelbes bege⟨ge⟩ben,
dar von ir lang geredt haben; dan man gern het gewolt,
das die Clenthirer des kriegs mit Philippo ein anfang
wern geweſen; vnnd iſt die ſache dieſer zeit alſo geſtalt,
das es euch zu fortel kommen mag. Tan hetten ſie ſich

---

¹) widertranng kann hier nur „Bedräugnis" heifsen; s.
vbertranng 27.
²) dem H.
³) ire H.
⁴) ben statt ban erscheint zweifelhaft, wenn auch der
Umlaut nicht ganz fernliegt (s. Lexer, bannen I. 123); an
den Plural ist hier bei der feststehenden Phrase zwing vnd
ban (regimen et gubernatio: Brinckmeier, Glossar. diplom.
II, 761) nicht zu denken.
⁵) Es ist wohl ir als Subjekt zu verstehen und nicht
etwa an Partizipien zu denken.
⁶) (sich) spitzen bedeutet schon im Mhd. „erwarten,
lauern" (s. Lexer II, 1102), wie noch heute im Volksmunde:
hier heifst es „seine Aufmerksamkeit richten auf."
⁷) flyſſ vnd arbait vns anzuſören gezimpt Tusc. 6: allen
fleys an teren Aug. 6: groſſen fleis anferen Aug. A b.
⁸) mugen ist zu erwarten. Es liegt wohl nur ein Versehen des Abschreibers vor.

ἀναστάσεως καὶ ἀνδραποδισμοῦ τῆς πατρίδος· καὶ
ἴσασιν ἅ τ' Ἀμφιπολιτῶν ἐποίησε τοὺς παραδόντας
αὐτῷ τὴν πόλιν, καὶ Πυδναίων τοὺς ὑποδεξαμένους·
καὶ ὅλως ἄπιστον οἶμαι ταῖς πολιτείαις ἡ τυραννίς,
5 ἄλλως τε κἂν ὅμορον χώραν ἔχωσιν.

(6) ταῦτ' οὖν ἐγνωκότας ὑμᾶς, ὦ ἄνδρες Ἀθηναῖοι,
καὶ τἄλλ' ἃ προσήκει πάντ' ἐνθυμουμένους φημὶ
δεῖν ἐθελῆσαι καὶ παροξυνθῆναι καὶ τῷ πολέμῳ
προσέχειν, εἴπερ ποτέ, καὶ νῦν, χρήματ' εἰσφέροντας
10 προθύμως καὶ αὐτοὺς ἐξιόντας καὶ μηδὲν ἐλλεί-
ποντας. οὐδὲ γὰρ λόγος οὐδὲ σκῆψις ἔθ' ὑμῖν τοῦ
μὴ τὰ δέοντα ποιεῖν ἐθέλειν ὑπολείπεται.

(7) νυνὶ γάρ, ὃ πάντες ἐθρυλεῖτε, ὡς[a] Ὀλυνθίους
ἐκπολεμῆσαι δεῖν Φιλίππῳ, γέγονεν αὐτόματον, καὶ
15 ταῦθ' ὡς ἂν ὑμῖν μάλιστα συμφέροι. εἰ μὲν γὰρ

---

[a] ἐθρύλουν τίως θ. Pal 2. Harl. Vielleicht gab es
auch die Lesart ἐθρυλεῖτε τίως dar von ir lang geredt haben).

von vnsernt wegen vnd auß vnnsern angeben, gegen ime
in ein krieg mit vns begeben, so wer wir alweg inn
sorgen gestanden, sie mochten es eyn zitlang vnd nit
lenger geharret¹) haben, so lang sie vns dan hilff erkant
hetten. So sie aber von ine selbst zu feindtschaft kemen, 5
auß dem das Philippus inn vnrecht wil thun, so mugen
wir vnns d[e]s²) trosten, das sie die feindtschaft beharren
werden, zuuermeyden forcht vnd trawng.³)

(8) Darumb lieben hern, so zimt sich nit das ir
die rechte zyt lassen also hin schliffen, damit ir nit aber 10
mußen leiden, das euch den vormals widder farn ist.
Ir wissent wole, wie es vnns ging, da wir⁴) den Euborn
zw schub⁵) vnd hilff theten vnnd zwene des rats auß
der stat Amphibol[is], nemlich Ierax vnnd Strato[t]les,⁶)
zu vnns quamen, eben an das ort, da ich itzunt sthe mit 15
flissiger bit vnd begere,⁷) das wir ir stat wolten in vnd
zw vnsern handen nemen. Hetten wir den selbst vnser
eigen sache als wol bedacht, als not vns was den Euborn
zu helffen vnd zu raten, so wer auf diesen tag Amphibolis
vnser eigen, vnd wern wir aber der gezengk vnd hendel 20
vertragen, die sich hernach gemacht haben.

(9) Des gleichen het sich Pydna, Pothidia, Methone,
Pagase vnd andere stete vnnd merckt, damit ichs nit alles
mit namen⁸) erzele muß, an vns geschlagen, wo wir inen

---

¹) harren wird, wie immer, auch hier intransitiv gebraucht. und es ist alter Genetiv ("darauf beharren, dabei
bleiben"), beharren ist unten transitiv.

²) das H.

³) Das Häkchen über dem Worte scheint freilich auf
ein u hinzuweisen: s. aber S. 14 §. 5.

⁴) dawir H.

⁵) Vgl. den mhd. Ausdruck *hilf zuo schieben* (Lexer
III, 1186).

⁶) Die Eigennamen sind auch hier ungenau wiedergegeben. Die Endung is wird nur durch einen Haken angedeutet, und es scheint Stratottles dazustehen.

⁷) Das starke Femin. beger setzt Reuchlin auch sonst
in derselben Wendung: mit bit vnnd begere Aug. A 6; mit
demüetiger flyssiger bit vñ begere Verst. A 2.

⁸) mitnamen H.

ἐφ' ἡμῶν*) πεισθέντες ἀνείλοντο τὸν πόλεμον, σφαλεροὶ σύμμαχοι, καὶ μέχρι του ταῦτ' ἂν ἐγνωκότες ἦσαν ἴσως· ἐπειδὴ δ' ἐκ τῶν πρὸς αὐτοὺς ἐγκλημάτων μισοῦσι, βεβαίαν εἰκὸς τὴν ἔχθραν αὐτοὺς, ὑπὲρ ὧν 5 φοβοῦνται καὶ πεπόνθασιν, ἔχειν.

(8) οὐ δεῖ δὴ τοιοῦτον, ὦ ἄνδρες Ἀθηναῖοι, παραπεπτωκότα καιρὸν ἀφεῖναι, οὐδὲ παθεῖν ταὐτό, ὅπερ ἤδη πολλάκις πρότερον πεπόνθατε. εἰ γὰρ ὅθ' ἥκομεν Εὐβοεῦσι βεβοηθηκότες καὶ παρῆσαν Ἀμφι-
10 πολιτῶν Ἱέραξ καὶ Στρατοκλῆς ἐπὶ τουτὶ τὸ βῆμα, κελεύοντες ἡμᾶς*) πλεῖν*) καὶ παραλαμβάνειν τὴν πόλιν, τὴν αὐτὴν παρειχόμεθ' ἡμεῖς ὑπὲρ ἡμῶν αὐτῶν προθυμίαν ἥνπερ ὑπὲρ τῆς Εὐβοέων σωτηρίας, εἴχετ' ἂν Ἀμφίπολιν τότε καὶ πάντων τῶν μετὰ ταῦτ' ἂν 15 ἦτ' ἀπηλλαγμένοι πραγμάτων.

(9) καὶ πάλιν ἡνίκα Πύδνα, Ποτίδαια, Μεθώνη, Παγασαί, τἆλλα, ἵνα μὴ καθ' ἕκαστα λέγων διατρίβω, πολιορκούμεν' ἀπηγγέλλετο, εἰ τότε τούτων ἑνὶ τὸ

---

a) ἡμῶν vulgo. ὑμῶν Voem
b) ἡμᾶς ε. ι. θ. Aug. 1. — ὑμᾶς Bav. ὑμᾶς Voem.
c) πλεῖν Σ. Harl. Lock. marg Vict. Vat. Pal 1. 2. 3. Urb. Rehd. Vind 1. 3. 4. Ω. — ἐκπλεῖν Ald. Reuchlin hat vielleicht πλεῖν als Zusammenziehung von πλέον gefafst (flüſſiger) und das folgende καὶ unbeachtet gelassen.

am erſten nach geſtalten dingen mit vnſer macht hetten
rettung zugeſagt, ſo mochten wir itzunt eyn gelimpfingern
vnd niedertrechtigern¹) hern an Philippo haben, aber ſo
wir alweg das gegenwertig vorachten, das vnns ann die
handt ſtoſt, vnnd meynen, das kunfftig muß vnns vonn
ime ſelber wolgerathenn, ſo bedurffen wir, liben hernn
vonn Athenis nyemant die ſchult gebenn, dann das wir
ſelbſt vnd nyemant anders Philippum auf genugiſchs end²)
groß gemacht vnnd haben ine da hin gebracht, daß nye
kayn konig zu matzedonia groſſer geweſenn dan der iſt.
Nun iſt die zeit kommen, was zeit die zeit, die ſich von
ir ſelbſt denn olintirern vnſer ſtat zu gut begebenn hat
nit meyne[r]³) zw achtenn dan die fornig vnd obgemel=
ten zeit.

(10) Da bedeucht mich, liebenn hern, das ein gots=
forchtig man, ſo er die ding alle, die vnns vonn den
goten zugeſchickt ſint, rechen vnnd bedencken wolt, wie
wole die nit allezeit vergang gewunnen, als ſie villicht
ſolten haben, yedoch muſt er inen der halb dennocht
groſſen danck ſagen billich vnnd von rechts wegen. Dan
das wir in kriegen vil verlornn habenn, mag ein ander
vnſer verleſigkeit vnnd hinleſigkeit⁴) zu meſſen nit vn=
billich, das wir aber des gleich vormals nye gehapt vnnd
doch yetzmals eynn ſolchen gegenwurf⁵) oberkomen haben,
da durch wir, ab vnns geliebt, des vnſernn widder be=

---

¹) Hier scheint die ganze Endung ern nur durch den
Haken bezeichnet zu sein.

²) Das entspricht wenigstens einigermafsen den Schriftzeichen dieser radierten und ganz unklar verbesserten Stelle;
der Sinn wäre „in zufriedenstellender Art." d. h. so, dafs er
selbst befriedigt ist. Freilich ist nur das mhd. Adjektiv
genugec (Lexer I, 864) belegt. Die letzten Zeichen könnten
auch sehr leicht auf vnd gedeutet werden.

³ meynen H. S. o. S. XXXI A. 1.

⁴) Beide Ausdrücke sind Synonyma von Nachlässigkeit.
Vgl. hinleſig Verst. C 2b, C 3. nachläſſig findet sich schon
1511 bei Kaisersperg (Böhme, Germania 28, 1883, S. 391).

⁵) Gegenwurf bedeutet hier offenbar „Gelegenheit zum
Widerstand" (bei Grimm noch nicht belegt). Vgl. gegen were
oder widerwurff Aug. 38 b.

πρῶτον ᵃ) προθύμως καὶ ὡς προσῆκεν ἐβοηθήσαμεν αὐτοί, ῥᾷον καὶ πολὺ ταπεινοτέρῳ νῦν ἂν ἐχρώμεθα τῷ Φιλίππῳ. νῦν δὲ τὸ μὲν παρὸν ἀεὶ προϊέμενοι, τὰ δὲ μέλλοντ᾽ αὐτόματ᾽ οἰόμενοι σχήσειν καλῶς,
5 ηὐξήσαμεν, ὦ ἄνδρες Ἀθηναῖοι, Φίλιππον ἡμεῖς καὶ κατεστήσαμεν τηλικοῦτον, ἡλίκος οὐδείς ποτε ᵇ) βασιλεὺς γέγονε Μακεδονίας. νυνὶ δὴ καιρὸς ἥκει τις οὗτος ὁ τῶν Ὀλυνθίων αὐτόματος τῇ πόλει, ὃς οὐδενός ἐστιν ἐλάττων τῶν πρότερον ἐκείνων.

10 (10) καὶ ἔμοιγε δοκεῖ τις ἄν, ὦ ἄνδρες Ἀθηναῖοι, δίκαιος λογιστὴς τῶν παρὰ τῶν θεῶν ἡμῖν ὑπηρετημένων καταστάς, καίπερ οὐκ ἐχόντων ὡς δεῖ πολλῶν, ὅμως μεγάλην ἂν ἔχειν αὐτοῖς χάριν· εἰκότως· τὸ μὲν γὰρ πόλλ᾽ ἀπολωλεκέναι κατὰ ᶜ) πόλεμον τῆς
15 ἡμετέρας ἀμελείας ἄν τις θείη δικαίως. τὸ δὲ μήτε πάλαι τοῦτο πεπονθέναι, πεφηνέναι δέ ᵈ) τιν᾽ ἡμῖν

ᵃ) τῷ πρῶτον Υ. τω πρῶτον corr. Urb. ex pr. τῶ πρώτω. τῷ πρώτῳ Voem.
ᵇ. ποτε Vat. Vind 1. 4. a. Lock. Ald Tayl. Hav. πώποτε ρΣ. Rehd. Υ. γρ Bav. Aug 3. — πω Voem.
ᶜ κατὰ Σ. Aug 2. 6. Harl. a. ε. ρ. ϑ Pal 2. Vat. Vind 4. Goth. Hav. Rehd. pr Vind 1 ?. κατὰ τὸν vulgo.
ᵈ) δὲ Υ. Ald Tayl. pr Vind 1 corr. in τε. τε Voem.

komen mugenn, das gyb ich dem zu, das die got vnnser<s>¹) gut that irs getrauwenn willenns²) erzeigen.

(11) Aber ich halt, es sey vmb das als vmb golt aber silber, so eyner des vil vberkompt, al dwil er es dan behalt, so sagt er dem gluck hohen dang: verlurt er es aber, so verlurt er auch damit zu mal die gedechtnis der danckbarkeit, das ime das gluck so vil beschert gehapt hat. Also begibt es sich auch inn hendeln, wo die leu<n>dt wern, die |i|r³) zeit vnd wile nit trauwen vnnd sich in die sachen nit recht wolten schicken; ob inen gleich wol vonn den goten etwas guts an die handt geschickt were, so gedencken sie doch des nit, dann wir vrteiln vnnd schetzenn einitzlich dinck seynem ende noch. Darumb, lieben hern vonn Athenis, so wir(t) vnns not sein, das wir sorg haben auf das nachgent vnnd mit kunfftiger thadt die vergangnen vnser heylis hendel⁴) auß leßen.

(12) Verlossenn wir die leud vnnd erobert er die stadt Clinthum, so sag mir eyner, was wirt inn mugen hindern zu zthien ober zuerich vnd die lenng, wo hin ine gelust. Wil nyemadt vunder euch betrachten vnd er= messenn, inn was weg, forme vnnd weise⁵) Philippus, der vo|n|⁶) keiner aber kleiner macht vor gewesenn ist, so mechtig vnnd gros wordenn sey? Zum ersten hat er Amphibolim eyn genomen, darnach Pidnan, forder Podideam, weiter Methonen; nach dem ist er inn Tessalien gezogen,

---

¹) S. o. §. 1.
²) „getreuen Willen zeigen zur Gutthat gegen uns,“ d. h. uns wohlzuthun. Vgl. aller von üch mir geschehenn guttat 1501, S. 74.
³) er H.
⁴) „Die früheren Händel unsres Heiles“ kann wohl nur „früher für uns unglückliche Verwickelungen“ bedeuten. Entweder also las Reuchlin den griechischen Text anders (ἀτυχίας?) oder hat ihn ungenau wiedergegeben.
⁵) inn behain wyß noch wege Aug. 40.
⁶) vor H. Vielleicht hatte Reuchlin von auch vor kleiner gesetzt, das auch hier der Abschreiber vor gelesen und deshalb durchstrichen hat. Die handschriftliche Lesart würde nur eine künstliche und zweifelhafte Erklärung („der vorher keine ... Macht übertroffen hat“) zulassen.

συμμαχίαν τούτων ἀντίρροπον, ἂν βουλώμεθα χρῆσθαι, τῆς παρ᾽ ἐκείνων εὐνοίας εὐεργέτημ᾽ ἂν ἔγωγε θείην.

(11) ἀλλ᾽ οἶμαι παρόμοιόν ἐστιν, ὅπερ καὶ περὶ τῆς τῶν χρημάτων κτήσεως· ἂν μὲν γάρ, ὅσ᾽ ἂν τις λάβῃ, καὶ σώσῃ, μεγάλην ἔχει τῇ τύχῃ χάριν,[a] ἂν δ᾽ ἀναλώσας λάθῃ, συνανήλωσε καὶ τὸ μεμνῆσθαι τῇ τύχῃ[b] τὴν χάριν. καὶ περὶ τῶν πραγμάτων οὕτως οἱ μὴ χρησάμενοι τοῖς καιροῖς ὀρθῶς, οὐδ᾽ εἰ συνέβη, τι παρὰ τῶν θεῶν χρηστόν, μνημονεύουσιν. πρὸς γὰρ τὸ τελευταῖον ἐκβὰν ἕκαστον τῶν πρὶν ὑπαρξάντων κρίνεται.[c] διὸ καὶ σφόδρα δεῖ τῶν λοιπῶν ἡμᾶς, ὦ ἄνδρες Ἀθηναῖοι, φροντίσαι, ἵνα ταῦτ᾽ ἐπανορθωσάμενοι, τὴν ἐπὶ τοῖς πεπραγμένοις ἀδοξίαν ἀποτριψώμεθα.

(12) εἰ δὲ προησόμεθα, ὦ ἄνδρες Ἀθηναῖοι, καὶ τούτους τοὺς ἀνθρώπους, εἶτ᾽ Ὄλυνθον ἐκεῖνος καταστρέψεται, φρασάτω τις ἐμοὶ τί τὸ κωλῦον ἔτ᾽ αὐτὸν ἔσται βαδίζειν ὅποι βούλεται. ἆρα λογίζεταί τις ὑμῶν, ὦ ἄνδρες Ἀθηναῖοι, καὶ θεωρεῖ τὸν τρόπον, δι᾽ ὃν μέγας γέγονεν ἀσθενὴς ὢν τὸ κατ᾽ ἀρχὰς Φίλιππος; τὸ πρῶτον Ἀμφίπολιν λαβών, μετὰ ταῦτα Πύδναν, πάλιν Ποτίδαιαν, Μεθώνην αὖθις, εἶτα Θετταλίας ἐπέβη·

---

[a] χάριν Vind 1. Pal 1. Vat. τὴν χάριν Voem.
[b] μεμνῆσθαι τῇ τύχῃ vulgo. μεμνῆσθαι Σ. Vind 1. Bav. Voem.
[c] κρίνεται pr Σ. pr Bav. Lock. Obs. Vind 4. Hav. κρίνεται ὡς τὰ πολλὰ vulgo.

(13) gein Ferras, gein Pagasas, gein Magnesian, vnnd asbald er sein sach allenthalben besetzt nach seynem gefallen, hat er ein zug inn Tratzien vergenomen vnd doselbst etzlich konig abgesetzt, etlich eingesatzt. Noch dem ist er inn kranckheit gefallen; aber alsbald er widder auf= gestanden vnnd gesunt worden ist, hat er dannecht darumb nit wollen saul oder trege sein, sunder sich von stundt an wider die Clintirer gericht. Ich geswige¹) der Reiß inn Illirian, inn die Pagones, gein Ariban vnnd an andere ort.

(14) Es mocht eyner sprechenn, was sagstu vnns itzt da von? Ja, ir hern von Athenis, ich rede es darumb, das ir mogen der beider ding wissen han²) vnnd enpfin= den, das in allen dingen das furtringen thut erobern, als man spricht die werent handt gewin surgang,³) vnd dar zw die fleissig vbung, damit Philippus sein lebenn volfurt, dar auß wir abnemen, das ime nit wol mit ruwe ist nach sein mag. So man nit inen vor denn man er= kennen wirt, der teglich nach grossen tatenn trachtet, vnd vns aber vor die leudt achten, die nichtis widder ine teglich durffen vnderstan anzufahenn, was hoffnu(n)g sol vnns zu letzst dar auß enstaun?

(15) Ach got, wer ist vnder euch so eins vnuer= stendigen hertzen,⁴) der da nit bedencken kan, wo wir die sache itzen werdenn versaumen, das dan der kriegk anders wo angesengt, ober vnns auch komen vnnd gegen vns werde⟨n⟩ sein entschaft nemen; vnnd so vnns das widder vert, alsdan forcht ich, es wert vnns geschenn, wie den reichen wuchern, die mit irem heupt gut ein klein zyt gross gut erobert hann. Zu letzst kompt ein ungesel dar inn, das sie verliren zumal heubt gut vnd gesuch. Also werde vns auch begegenen, so wir vnns inn grosser habe mit

---

¹) ich geschweig Aug. 9.
²) ich han sin lain wissen Tusc. 15.
³) „Die wehrende Hand gewinnt Erfolg" ist offenbar eine sprüchwörtliche Wendung, die von Reuchlin zugesetzt worden ist.
⁴) dan welicher ist so ains klainen herzens Tusc. 11.

(13) μετὰ ταῦτα Φεράς, Παγασάς, Μαγνησίαν πάνθ' ὃν ἐβούλετο εὐτρεπίσας τρόπον ᾤχετ' εἰς Θρᾴκην· ἐκεῖ ᵃ) τοὺς μὲν ἐκβαλὼν τοὺς δὲ καταστήσας τῶν βασιλέων ἠσθένησεν· πάλιν ῥαΐσας οὐκ ἐπὶ τὸ ῥᾳθυμεῖν ἀπέκλινεν, ἀλλ' εὐθὺς Ὀλυνθίοις ἐπεχείρησεν. τὰς δ' ἐπ' Ἰλλυρίας ᵇ) καὶ Παίονας αὐτοῦ καὶ πρὸς Ἀρύββαν καὶ ὅποι τις ἂν εἴποι παραλείπω στρατείας.

(14) τί οὖν τις ἂν εἴποι ταῦτα λέγεις ἡμῖν νῦν; ἵνα γνῶτε, ὦ ἄνδρες Ἀθηναῖοι, καὶ αἴσθησθ' ἀμφότερα, καὶ τὸ προΐεσθαι καθ' ἕκαστον ἀεί τι τῶν πραγμάτων ὡς ἀλυσιτελές, καὶ τὴν φιλοπραγμοσύνην ᾗ χρῆται καὶ συζῇ Φίλιππος, ὑφ' ἧς οὐκ ἔστιν ὅπως ἀγαπήσας τοῖς πεπραγμένοις ἡσυχίαν σχήσει. εἰ δ' ὁ μὲν ὡς ἀεί τι μεῖζον τῶν ὑπαρχόντων δεῖ πράττειν ἐγνωκὼς ἔσται, ἡμεῖς ᶜ) δέ, ὡς οὐδενὸς ἀντιληπτέον ἐρρωμένως τῶν πραγμάτων, σκοπεῖσθ' εἰς τί ποτ' ἐλπὶς ταῦτα τελευτῆσαι.

(15) πρὸς θεῶν τίς οὕτως εὐήθης ἐστὶν ὑμῶν, ὅστις ἀγνοεῖ τὸν ἐκεῖθεν πόλεμον δεῦρ' ἥξοντα, ἂν ἀμελήσωμεν; ἀλλὰ μὴν εἰ τοῦτο γενήσεται, δέδοικα, ὦ ἄνδρες Ἀθηναῖοι, μὴ τὸν αὐτὸν τρόπον, ὥσπερ οἱ δανειζόμενοι ῥᾳδίως ἐπὶ τοῖς μεγάλοις τόκοις μικρὸν εὐπορήσαντες χρόνον, ὕστερον καὶ τῶν ἀρχαίων ἀπέστησαν, οὕτως καὶ ἡμεῖς ἐπὶ πολλῷ φανῶμεν

ᵃ) ἐκεῖ γ. εἶτ' ἐκεῖ vulgo. Voem.
ᵇ) Ἰλλυρίας Ald Tayl. Ἰλλυριοὺς Voem.
ᶜ) ἡμεῖς Aug 1. 2. Bav. 2. u. Vind 3 Urb. Pal 2. Vat. ἡμεῖς Voem.

muſiggang wollen neren vnd allem vnſern luſt nach leben,
das wir zu letzſt vil ſwerer leuſſt,¹) die wir nit gern
haben, auß der not auf vns ſelber ladenn vnnd den krieg
inn vnſerm eigenn hauß leidenn mußenn.

(16) Doch mocht einer ſagenn: alſo kan ein itzlicher
der leudt hendel mit worten ſtraffen, was aber inn ſolchen
dingen zu thun ſey, daſſelbig vernuſſtiglich vor zu halten,
gehort allein denn reten vnd wiſen leuten zu. Wiewol
ich nun weis, liebenn hern, das es auch dick widerfarenn
iſt, ſo man etwas geradtſchlacht²) hette vnnd es nit noch
yedermans willenn gan wolt, das man dan nit den vor=
warloiern vnnd vrſachern abir theteru, ſunder den reten,
ſo am letzſten von ſachen geret vnd beſchloſſen hetten, alle
ſchult auf legt, nach dan ſo halt ichs dar fur das eyner
nit anſehen ſoll ſin ſicherheit vnd gewarſame,³) ſo er
von hendeln rede muß, dar an vnns allen gelegen iſt.

(17) Darumb ſo bed<e>unckt mich, das ir der ſache
inn zweyerley weiſe helffen mugen, nemlich das ir den
Clintirern ir ſtet helffent behalten mit eynem zu gelegten
zvgk, den ir inn das lanndt ſchickenn muſſent, vnnd nit
deſtamynder, das ir zu waſſer vnnd zu landt die ſeinde
mit andern anwern volck vberziehen. Wo ir der eins
vnnderwegen laſſent, forcht ich vbel, enwer ziehen werde
vmb ſunſt ſein.

(18) Dann ſo ir ime allein inn das ſein wolten
fallen vnnd ſein landt furwuſtenn, mocht er dwil Clinthum
erobern, vnnd wann er wale gemechlich heim quaeme,
dann wird im der tag eins zyt vnnd ſtat gnug⁴) ſich
widder umb zu richten. woltenn ir aber nit meher (dan)

---

¹) Diese mhd. Form lebt noch nach in „Zeitläufte".
²) geradt ſchlacht n. „ratschlagen" geht bis auf das Ahd. zurück (Benecke II 2, S. 386). Über den Auslaut s. S XXXVII.
³) *sicherhait und gewarsame* finden sich bereits in den Monum. Zoller. (Lexer I. S. 978) mit einander verbunden.
⁴) „wird ihm der Tag einst Zeit und Raum genug": d. h. der eine Tag wird ihm einst genügend Zeit und Raum geben für seine Unternehmungen. Die Verbindung *zît und stat* ist schon im Mhd. üblich (Lexer II, 1144).

ἐρραθυμηκότες, καὶ ἅπαντα πρὸς ἡδονὴν ζητοῦντες, πολλὰ καὶ χαλεπά, ὧν οὐκ ἠβουλόμεθα, ὕστερον εἰς ἀνάγκην ἔλθωμεν ποιεῖν καὶ κινδυνεύσωμεν περὶ τῶν ἐν αὐτῇ τῇ χώρᾳ.

(16) τὸ μὲν οὖν ἐπιτιμᾶν φῆσαι[a]) τις ἂν ῥάδιον καὶ παντὸς εἶναι, τὸ δ᾽ ὑπὲρ τῶν παρόντων ὅ τι δεῖ πράττειν ἀποφαίνεσθαι, τοῦτ᾽ εἶναι συμβούλου. ἐγὼ δ᾽ οὐκ ἀγνοῶ μέν, ὦ ἄνδρες Ἀθηναῖοι, τοῦθ᾽, ὅτι πολλάκις ὑμεῖς οὐ τοὺς αἰτίους, ἀλλὰ τοὺς ὑστάτους περὶ τῶν πραγμάτων εἰπόντας ἐν ὀργῇ ποιεῖσθε, ἄν τι μὴ κατὰ γνώμην ἐκβῇ. οὐ μὴν οἶμαι δεῖν τὴν ἰδίαν ἀσφάλειαν σκοποῦνθ᾽ ὑποστείλασθαι περὶ ὧν ὑμῖν[b]) συμφέρειν ἡγοῦμαι.

(17) φημὶ δὲ διχῇ βοηθητέον εἶναι τοῖς πράγμασιν ὑμῖν, τῷ τε τὰς πόλεις τοῖς Ὀλυνθίοις σῴζειν, καὶ τοὺς τοῦτο ποιήσοντας στρατιώτας ἐκπέμπειν, καὶ τῷ τὴν ἐκείνου χώραν κακῶς ποιεῖν καὶ τριήρεσι καὶ στρατιώταις ἑτέροις· εἰ δὲ θατέρου τούτων ὀλιγωρήσετε, ὀκνῶ, μὴ μάταιος ὑμῖν[c]) ἡ στρατεία γένηται.

(18) εἴτε γὰρ ὑμῶν τὴν ἐκείνου κακῶς ποιούντων, ὑπομείνας τοῦτο, Ὄλυνθον παραστήσεται, ῥᾳδίως ἐπὶ τὴν οἰκίαν ἐλθὼν ἀμυνεῖται· εἴτε βοηθησάντων

---

a) φῆσαι Lock. Hav. ἴσως φῆσαι Voem.
b) ἡμῖν Γ. ὑμῖν Voem.
c) ὑμῖν Aug 2. Harl. θ. Hav. Pal 1. 2. Vat. Goth. ἡμῖν vulgo.

Clinthum rettenn, so er dan wurde sehenn, das als sein
ding do h[eim]et¹) wol vnd an sorg stunde, so mocht er
sich dester herter zur die Clintirer legern vnund die sachen
inn die harre spillenn,²) also das er sie mit der zyt wal
langsam vnderstunde zugewynnen. Deßhalbenn so muß
es mehe dan eyn, sunder zweifach hilff sein.

(19) Vnd so vil weis ich zu sagenn von der hulff.
Nun wie man aber das geldt zu wegen bring, lieben
hern von Athenis? Da habent ir wol als vil reichtums
vnd barschaft als ander leudt, vnd wie ir wollent, also
mogen ir es auf bringen. Gebent ir den soldnern solich
geldt, so hant ir an leuten kein mangel; thunt ir das
nit, so hat ir mangel. Nun muß man vor allen dingen
leudt han. Es mocht aber eyner sprechen: wie meynstu
es? woltest du vnsern³) schatz ver krieges gelt achtenn?
Verwar neyn ich.⁴)

(20) Aber ich meyn, man sal das her rusten, vnnd
was auf die rustung gadt, das sey kriegs gelt, vnnd gehe
mit eynem anschlag zu gelt auf zu bringen vnd den
soldnern das rust gelt zu geben. Aber ir hebent offt
vnd dick gelt auf vnd brauchent es⁵) auf hochzyten, zu
spilen vnd bancketen;⁶) wie dem so ist itzunt das not,⁷)
das eyn iglicher inn sunderheit dar an gebe. Bedarff
man vil, so geb er fil, bedarff man wenig, so gebe man
wenig. Dan man muß gelt haben, vnnd an gelt kan
man nichts geschaffen, das fruchtbar sey. Die ander sagen

---

¹) do hiennt H. Vgl. §. 1.
²) Die mhd. Wendung in die harr hat Reuchlin auch Aug. 7.
³) Das Schluſs-u ist corrig. H.
⁴) „Fürwahr (s. S. XXXIII) nein ich". Die kurze Ausdrucksweise des Griechischen ist hier in undeutscher Weise wiedergegeben.
⁵) brauchentes H.
⁶) Es ist dies der älteste Beleg für das Vorkommen des Wortes. Aus Fischart, Hans Sachs u. a. hat es Oskar Böhme (Germania 28, 1883, S. 359 f.) nachgewiesen.
⁷) „wie dem (ist), so ist jetzt das nötig." Doch braucht wohl ist nicht im Texte ergänzt zu werden

μόνον ὑμῶν εἰς Ὄλυνθον ἀκινδύνως ὁρῶν ἔχοντα τὰ οἴκοι, προσκαθεδεῖται καὶ προσεδρεύσει τοῖς πράγμασι, περιέσται τῷ χρόνῳ τῶν πολιορκουμένων. δεῖ δὴ πολλὴν καὶ διχῇ τὴν βοήθειαν εἶναι.

(19) καὶ περὶ μὲν τῆς βοηθείας ταῦτα γιγνώσκω· περὶ δὲ χρημάτων πόρου, ἔστιν, ὦ ἄνδρες Ἀθηναῖοι, χρήμαθ' ὑμῖν, ἔστιν ὅσ' οὐδενὶ τῶν ἄλλων ἀνθρώπων, στρατιωτικά· ταῦτα δ' ὑμεῖς οὕτως ὡς βούλεσθε λαμβάνετε. εἰ μὲν οὖν ταῦτα τοῖς στρατευομένοις ἀποδώσετε, οὐδενὸς ὑμῖν προσδεῖ πόρου· εἰ δὲ μή, προσδεῖ, μᾶλλον δ' ἅπαντος ἐνδεῖ τοῦ πόρου. τί οὖν, ἄν τις εἴποι, σὺ γράφεις ταῦτ' εἶναι στρατιωτικά; μὰ Δί' οὐκ ἔγωγε.

(20) ἐγὼ μὲν[a]) ἡγοῦμαι στρατιώτας δεῖν κατασκευασθῆναι, καὶ ταῦτ'[b]) εἶναι στρατιωτικὰ καὶ μίαν σύνταξιν εἶναι τὴν αὐτήν, τοῦ τε λαμβάνειν καὶ τοῦ ποιεῖν τὰ δέοντα, ὑμεῖς δὲ οὕτω πως ἄνευ πραγμάτων λαμβάνετε[c]) εἰς τὰς ἑορτάς. ἔστι δὴ λοιπὸν οἶμαι[d]) πάντας εἰσφέρειν, ἂν πολλῶν δέῃ, πολλά, ἂν ὀλίγων, ὀλίγα. δεῖ δὴ[e]) χρημάτων, καὶ ἄνευ τούτων οὐδέν ἐστι γενέσθαι τῶν δεόντων. λέ-

---

a) μὲν Harl. Pal 2. μὲν γὰρ Voem.
b) καὶ ταῦτ' vulgo. καὶ Voem.
c) λαμβάνετε vulgo. λαμβάνειν Voem.
d) εἶναι Bav. Ald T. οἶμαι vulgo.
e) δή vulgo. δὲ Voem.

von andern wegen gelt auf zubringen; dar auß nement,
was euch das beste bdunckt, vnd diwil die rechte zyt hie
ist, so nement die ding vorhandenn.

(21) Aber mich wil dannocht nit vnzimlich bedunken
zu hertzen zu nemen vnnd zubetrachten sein, wie Philippus
sachen itzmals gestalt sey(en). Dan sie nit der massen
nach notturft vnnd von vrteil stelen¹) sint, als wol einer
mocht gedencken aber schetzen, der nit mit sudern fleis
solche ding ansehenn vnd ermessenn thette, so ist sein
habe vnd vermugen auch nit noch dem allermeinstenn,²)
vnnd wer ime das inn sein (sin) gefallenn,³) das er
gegen⁴) vnns ein standt must thun, er hette sein leudt
inn den krieg nit gefurt; aber er hat gemeint, im solt
glucken an eym zu laufft, des ist er betrogen wordenn
vnd hat im gefellet;⁵) vnd das es ime nit nach seynem
anschlag ergangen ist, das erschreckt inne am forderstenn
vnnd bereit ime zu steter vnmuß sein ungeruwes gemuet;
dar nach die hendel auch in Tessalia.

(22) Dan die sint von naturn itzt vnd alweg eins
vnglaubens geachte<n>t gewesen bey allen menschen, vnd
gentzlich, wie dem vor gewesen ist, also ist ime noch.
Ich vernyme, das sie vnder inn beschlossen haben, wie
sie die stat Pagase von i|m|⁶) wider fordernn wollenn,
so hant sie Magnesian vorbotenn wider zu bauwen. Ich
hab auch vonn etzlichen gehort, das sie ine widder wasser
noch merck⁷) wolten lassen geniessen, das es sey der gemeyn

---

¹) „nach (allgemeinem) Urteil stählern", d. h. fest
(vgl. Lexer II, 1160).

²) *meiste* im Sinne von „beste" ist im Mhd. nicht
selten (Lexer I, 2084).

³) sein ist wahrscheinlich nicht in sin zu ändern; vgl.
dem soll ... inn synen sin fallen Verst. A 3b.

⁴) ergegen H.

⁵) Vgl. das mhd. vaesen = fehlschlagen (Lexer III 8f.).

⁶) in H.

⁷) Auch im Mhd. finden sich Formen ohne t (Lexer
I, 2049. S. auch S. XLII).

γουσι δὲ καὶ ἄλλοις τινὰς ἄλλοι πόρους, ὧν ἕλεσθ᾽ ὅστις ὑμῖν συμφέρειν δοκεῖ. καὶ ἕως ἐστὶ καιρός, ἀντιλάβεσθε τῶν πραγμάτων.

(21) ἄξιον δ᾽ ἐνθυμηθῆναι καὶ λογίσασθαι τὰ πράγματα ἐν ᾧ καθέστηκε νυνὶ τὰ Φιλίππου. οὔτε γάρ, ὡς δοκεῖ καὶ φήσειέ τις ἂν μὴ σκοπῶν ἀκριβῶς, εὐτρεπῶς οὐδ᾽ ὡς ἂν κάλλιστ᾽ αὐτῷ τὰ παρόντ᾽ ἔχει, οὔτ᾽ ἂν ἐξήνεγκε τὸν πόλεμόν ποτε τοῦτον ἐκεῖνος, εἰ πολεμεῖν ᾠήθη δεήσειν αὐτόν, ἀλλ᾽ ὡς ἐπιὼν ἅπαντα τότ᾽ ἤλπιζε τὰ πράγματ᾽ ἀναιρήσεσθαι, κᾆτα διέψευσται. τοῦτο δὴ πρῶτον αὐτὸν ταράττει παρὰ γνώμην γεγονός, καὶ πολλὴν ἀθυμίαν αὐτῷ παρέχει· εἶτα τὰ τῶν Θετταλῶν.

(22) ταῦτα γὰρ ἄπιστα μὲν ἤδη που[a]) φύσει καὶ ἀεὶ πᾶσιν ἀνθρώποις, κομιδῇ δ᾽, ὥσπερ ἦν, καὶ ἔστι νῦν τούτῳ. καὶ γὰρ Παγασὰς ἀπαιτεῖν αὐτόν εἰσιν ἐψηφισμένοι, καὶ Μαγνησίαν κεκωλύκασι τειχίζειν. ἤκουον δ᾽ ἔγωγέ τινων, ὡς οὐδὲ τοὺς λιμένας καὶ τὰς ἀγορὰς ἔτι δώσοιεν αὐτῷ καρποῦσθαι· τὰ γὰρ κοινὰ τὰ Θετταλῶν ἀπὸ τούτων δέοι διοικεῖν,

---

[a]) ἄπιστα ἤδη που Urb. ἄπιστα μὲν δήπου Pal. 1. ἄπιστα μὲν ἦν δήπου Voem.

inn Tessalia, dar von sich der gemeyn nutz enthalten vnd
niechtzet¹) Philippus eyn nemen sol. Wan ime nun die
nutzung abgant, so wirt de[n]²) freunden, die er da hin
gesetzt hat, ir narung vast gesmeylert.

(**23**) So ist wole zugedencken, das die von Pagona
vnnd die von Illirion vnnd schlechts alle andern seint
lieber frey dan vnder wurffen. Dan sie seint des nit
gewent eingen hern gehorsame zu sein. So ist er, als
man sagt, ein man der den leuten gern vnrecht thut,
vnnd das ist zwar wole zu gleybenn. Dan so eynem
vil guts widersert, der es nicht verdint hat, das macht
ei[m]³) thoren nerrischs zugesel, vnnd darumb so hat man
dar fur, gar offt sey es swerer gut zubehalten dan zugewynnen.

(**24**) Deßhalben so geburt auch, lieben hernn von
Athenis, des mans vnzeiteg wesen vor gute⁴) zyt halten,
vnnd die sachen frey vnd tecklich an griffenn, botschaften
schicken, da hin sie gehorn, des gleichen soldnern ordiniren,⁵)
iederman bewegen, mit vorhalten vnd erzelung; wo Philippo
solche bequemlich stat vnd dwil⁶) wider vns vber komen
vnnd vnns den krieg mittel inn das landt legen, wie
behendt meynet ir er auf euch ziehen wurde. Dar zu
wolten ir auch nit sch(e)men, das ir nit torsten auwern
seindt itzo mit gutem gelimpffen⁷) vnd fug das zubewisen

---

¹) Über die mannigfachen Formen dieser Verstärkung
von nicht s. Lexer II, 84. Sonst schreibt Reuchlin nichtzet
(Tusc. 12, 14) für nichts.

²) dem H.

³) eim H. S. o. S. 10 A. 1.

⁴) vorgute H.

⁵) Bereits im Mhd. häufiges Fremdwort (Lexer II,
161 f.); hier bedeutet es „ausrüsten".

⁶) Die stehende Verbindung stat und wile (Gelegenheit
und Zeit) ist zu vergleichen mit zyt vnnd stat (§. 18). Der
Artikel bei wil (dwil) ist vielleicht nur infolge eines Schreib-
versehens aus der so häufigen adverbiellen Wendung hier
eingedrungen.

⁷) Der von Benecke (Mhd. Wb. I, 1000 a) angenommene,
von Lexer (I, 818) bezweifelte Nominativ das gelimpfen wird
durch unsere Stelle bestätigt.

οὐ Φίλιππον λαμβάνειν. εἰ δὲ τούτων ἀποστερηθήσεται τῶν χρημάτων, εἰς στενὸν κομιδῇ τὰ τῆς τροφῆς τοῖς ξένοις αὐτῷ καταστήσεται.

(23) ἀλλὰ μὴν τόν γε Παίονα καὶ τὸν Ἰλλυριὸν καὶ ἁπλῶς τοὺς ἅπαντας*) ἡγεῖσθαι χρὴ αὐτονόμους ἥδιον ἂν καὶ ἐλευθέρους ἢ δούλους εἶναι. καὶ γὰρ αὖθις τοῦ κατακούειν τινός εἰσι, καὶ ἄνθρωπος ὑβριστής, ὥς φασιν. καὶ μὰ Δί' οὐδὲν ἄπιστον ἴσως· τὸ γὰρ εὖ πράττειν παρὰ τὴν ἀξίαν ἀφορμὴ τοῦ κακῶς φρονεῖν τοῖς ἀνοήτοις γίγνεται, διόπερ πολλάκις δοκεῖ τὸ φυλάξαι τἀγαθὰ τοῦ κτήσασθαι χαλεπώτερον εἶναι.

(24) δεῖ τοίνυν ὑμᾶς, ὦ ἄνδρες Ἀθηναῖοι, τὴν ἀκαιρίαν τὴν ἐκείνου καιρὸν ὑμέτερον νομίσαντας ἑτοίμως συνάρασθαι τὰ πράγματα, καὶ πρεσβευομένους ἐφ' ἃ δεῖ καὶ στρατευομένους αὐτοὺς καὶ παροξύνοντας τοὺς ἄλλους ἅπαντας, λογιζομένους, εἰ Φίλιππος λάβοι καθ' ἡμῶν τοιοῦτον καιρόν, καὶ πόλεμος γένοιτο πρὸς τὴν χώραν,ᵇ) πῶς ἂν αὐτὸν οἴεσθ' ἑτοίμως ἐφ' ἡμᾶςᶜ) ἐλθεῖν. εἶτ' οὐκ αἰσχύνεσθ', εἰ μηδ' ἃ πάθοιτ' ἄν, εἰ δύναιτ' ἐκεῖνος, ταῦτα ποιῆσαι καιρὸν ἔχοντες οὐ τολμήσετε;

---

a) τοὺς ἅπαντας Urb. τούτους ἅπαντας Voem.
b) τὴν χώραν Aug 2. pr Σ (?). τῇ χώρᾳ vulgo. Voem.
c) ἡμᾶς Σ. Bav. u. θ. Γ. Aug 2. Augsuppl. Harl. Lock. Pal 1. 2. Vind 1. 4. Vat. Urb. ἡμᾶς Voem.

vnd erzeigen, das ir doch von ime, wie [i|r¹) wiſſen,
leiden muſten, ab er euch ober mocht.²)

(25) Furter, liebenn herrn, ſollent ir auch nit ver=
geſſen, das ir auf dieſen tag die wal habent, ab ir ine
bekriegen wollen, adir auch ine bekriegen laſſen. Gat der
Clintirer ſach fur, ſo werden ir ine bekriegen, vnd die
ſeine³⁾ verterbenn vnnd was d|e|s⁴) ſeinen iſt, auch land
vnd lent dar geſendt inn nutzung vnd gewer⁵) nemen,
wirt aber Philippus ſie erobern, wer wil ime dan weren
heran zu vns zu kommen.

(26) Menen ir die Thebaner? Wie wol ich das
mit ſmertzen rede, ſie wurden villicht mit ime dar an
ſein. Wolan, ſo ſint es joch die von Pocha? Die ir
eigen vaterlandt nit getrauwen zubehalten, es ſey dan das
ir innen hulff thun ader etwas anders. Doch er wurt
vns villeicht nichtes wollen thun. Das iſt ein vnmenſch=
licher⁶) zu fall, ſo ein ander der thorheid⁷) iſt, das er
ſich vnguts offentlich laſſe mercken⁸) in ſeinen redenn vnnd
ſolte dem nit wollen ſtat thun mit den wercken, wo er
mocht.

(27) Mich bedunckt auch es bedurff keiner witern
erclerung, ob beſſer ſey, das wir hie aber dort kriegen:
dan muſten wir norr XXX einiger tag auß ſein vnnd mit
eynem zeuge zu felt ligenn vnnd alle notturff zu dem her
auß vnſer gegene nemen, lege joch kein ſeindt gegen vns,
ſo wurden vnſer meiger⁹) vil meher ſchadens empfangen,

---

¹) er H.
²) ſo ſie vns übermöchten Verst. C.
³) ſeine (Sache)?
⁴) das H.
⁵) Oft in Rechtsdenkmälern beisammen (Lexer I, 984) zur Bezeichnung der Nutznießung und des Besitzes (= detentio).
⁶) „unmenschlich" bedentet hier offenbar „für einen Menschen unwahrscheinlich".
⁷) derther heid H.
⁸) aus mhrcken corrig. H.
⁹) Meier, Oberbauern (Lexer I, 2074).

(25) Ἔτι τοίνυν, ὦ ἄνδρες Ἀθηναῖοι, μηδὲ τοῦθ᾽ ὑμᾶς λανθανέτω, ὅτι νῦν αἵρεσίς ἐστιν ὑμῖν, πότερ᾽ ὑμᾶς ἐκεῖ χρὴ πολεμεῖν ἢ παρ᾽ ὑμῖν ἐκεῖνον. ἐὰν μὲν γὰρ ἀντέχῃ τὰ τῶν Ὀλυνθίων, ὑμεῖς ἐκεῖ πολεμήσετε καὶ τὴν ἐκείνου κακῶς ποιήσετε, τὴν ὑπάρχουσαν καὶ τὴν οἰκείαν ταύτην ἀδεῶς καρπούμενοι· ἂν δ᾽ ἐκεῖνα Φίλιππος λάβῃ, τίς αὐτὸν ἔτι[a]) κωλύσει δεῦρο βαδίζειν;

(26) Θηβαῖοι; (μὴ λίαν πικρὸν εἰπεῖν ᾖ) καὶ συνεισβαλοῦσιν ἑτοίμως. ἀλλὰ Φωκεῖς; οἱ τὴν οἰκείαν οὐχ οἷοί τ᾽ ὄντες φυλάττειν, ἐὰν μὴ βοηθήσηθ᾽ ὑμεῖς, ἢ ἄλλος τις. ἀλλ᾽ ὅταν οὐχὶ βουλήσεται. τῶν ἀτοπωτάτων μεντἂν εἴη, εἰ ἃ νῦν ἄνοιαν ὀφλισκάνων ὅμως ἐκλαλεῖ, ταῦτα δυνηθεὶς μὴ πράξει.

(27) ἀλλὰ μὴν ἡλίκα γ᾽ ἐστὶ τὰ διάφορα, ἐνθάδε ἢ ἐκεῖ πολεμεῖν, οὐδὲ λόγου προσδεῖν ἡγοῦμαι. εἰ γὰρ ἡμᾶς[b]) δεήσειεν αὐτοὺς τριάκονθ᾽ ἡμέρας μόνας ἔξω γενέσθαι, καὶ ὅσ᾽ ἀνάγκη στρατοπέδῳ χρωμένους τῶν ἐκ τῆς χώρας λαμβάνειν, μηδενὸς ὄντος ἐν αὐτῇ πολεμίου λέγω, πλέον ἂν οἶμαι ζημιωθῆναι τοὺς γεωργοῦντας ὑμῶν,[c]) ἢ ὅσ᾽ εἰς

---

a) αὐτὸν ἔτι vulgo. αὐτὸν Voem.

b) ἡμᾶς ϑ. Υ. Aug 3 corr ex ἡμᾶς. Harl. Goth. Aug 6. ἡμᾶς Voem.

c) ἡμῶν Bav. ὑμῶν Aug 3. ἡμῶν Σ. Ω. u. v. β. γ. ϑ. Lock. Barocc 2. Aug 2. Augsuppl. Meerm. Rehd. Vind 1. 3. 4. Pal 1. 3. Goth. ἡμῶν Voem.

dan was ir vor dem kriege verzert hetten.¹) So dan
der krieg auch hernach volgt, was meynet ir, das daruß
schadens buchs vnd dar zu vber trang vnd vnrecht,
schannd vnd smacht, so von weisen leuten vor grosser
veracht wirt, dan ein²) schade?

(28) Das alles sollent ir alle zu hertzen vnd ge=
dechtenus nemen vnd die hilff thun, durch die ir also den
krieg ab vnns leynnen;³) die reichen darumb, das sie
mit cleynem vorlust, so sie dar zu steuer thunt, das
vberig were, hab eren vnd guts an sorg nutzen⁴) furbaß
geniessen; die jungen gesellen, das solch kriegs vbung in
Philippus landen ergreiffen vnnd lernen, da durch sie
ires eigen vatterlandes schirmer vnd furweser werdenn
mugen, vff die hernach alle welt ein auf sehen habenn:⁵)
die schreiber vnd redner, das sie die rechtschickung⁶) der
regerung leichtleiger verstan mogen, das sie derselbigen
inn inen selbst dester scherffer auf mercker werden. vnnd
wol got, das es vnns allen zu gut kemme ꝛc.

      Hie enndet sich Demostenes rede genant⁷)
olintiacus prothus anno ꝛc MCCCCXCV^{to}.

---

¹) Hier findet sich bereits aus Versehen das dann wieder
durchstrichene Was meynet; es lässt sich aus diesem Versehen wohl ein Schluſs ziehen auf die ungefähre Zeilen-
länge der dem Abschreiber vorliegenden reuchlinschen Ur-
schrift.

²) corrig. H.

³) Das mhd. *leinen* (lehnen) hat Reuchlin auch sonst:
was grossen ubels du von menschlicher art abgelaynt habest (de
humana conditione deieceris) Tusc. 15, arbayt anlaynen
Tusc. 11.

⁴) schwerfällige Häufung und Wortstellung: „Den
Nutzen ihrer Habe, ihrer Ehre und ihres Besitztums ohne
Sorgen." Oder ist zu ergänzen hab(en) und dahinter zu
interpungieren?

⁵) vssienhen vff das leiplich haben C 3.

⁶) rechtschickung findet sich im Mhd. noch nicht, doch
kann es nach der Bedeutung von schicken nur „Rechts-
ordnung" heiſsen: offenbar hat Reuchlin auch hier den Text
nicht richtig wiedergegeben.

⁷) gut H

ἅπαντα τὸν πρὸ τοῦ πόλεμον δεδαπάνισθε. εἰ δὲ δὴ καὶ ᵃ) πόλεμός τις ἥξει, πόσα χρὴ νομίσαι ζημιώσεσθαι; καὶ πρόσεσθ᾽ ἡ ὕβρις καὶ ἔθ᾽ ἡ τῶν πραγμάτων αἰσχύνη, οὐδεμιᾶς ἐλάττων ζημίας τοῖς γε
5 σώφροσιν.

(28) πάντα δὴ ταῦτα δεῖ συνιδόντας ἅπαντας βοηθεῖν καὶ ἀπωθεῖν ἐκεῖσε τὸν πόλεμον, τοὺς μὲν εὐπόρους, ἵν᾽ ὑπὲρ τῶν πολλῶν, ὧν καλῶς ποιοῦντες ἔχουσι, μίκρ᾽ ἀναλίσκοντες τὰ λοιπὰ καρπῶνται ἀδεῶς,
10 τοὺς δ᾽ ἐν ἡλικίᾳ, ἵνα τὴν τοῦ πολεμεῖν ἐμπειρίαν ἐν τῇ Φιλίππου χώρᾳ κτησάμενοι φοβεροὶ φύλακες τῆς οἰκείας ἀκεραίου γένωνται, τοὺς δὲ λέγοντας, ἵν᾽ αἱ τῶν πεπολιτευμένων αὐτοῖς εὔθυναι ῥᾴδιαι γένωνται, ὡς ὁποῖ᾽ ἄττ᾽ ἂν ὑμᾶς περιστῇ τὰ πράγ-
15 ματα, τοιοῦτοι κριταὶ ᵇ) τῶν πεπραγμένων αὐτοῖς ἔσεσθε. χρηστὰ δ᾽ εἴη παντὸς εἵνεκα. ᶜ)

ᵃ) δὴ καὶ Γ. δή Voem.
ᵇ) κριταὶ Γ. α. ε. ή. ϑ. Augsuppl. Ald T. Rebd. Dresd. Vind 4. Urb Aug 6. Pal 2. κριταὶ καὶ Voem.
ᶜ) Die auffällige Wiederholung der Jahreszahl am Schlusse legt die Vermutung nahe, daſs sich eine Zahlenangabe (Stichoi?) auch in der Handschrift am Ende der Rede fand, wie in Σ und Bav.